KB109420

마녀의 한 다스

MAJO NO ICHI-DASU

by YONEHARA Mari

Copyright ⓒ 1996 INOUE Yuri

All rights reserved.

Originally published in Japan.

Korean translation rights arranged with INOUE Yuri, Japan

through THE SAKAI AGENCY and BC AGENCY.

이 책의 한국어판 저작권은 BC 에이전시를 통해

저작권자와 독점 계약한 마음산책에 있습니다.

저작권법에 의해 한국 내에서 보호를 받는 저작물이므로

무단 전재와 복제를 금합니다.

▪ 이 도서의 국립중앙도서관 출판예정도서목록(CIP)은

서지정보유통지원시스템 홈페이지(http://seoji.nl.go.kr)와

국가자료공동목록시스템(http://www.nl.go.kr/kolisnet)에서 이용하실 수 있습니다.

(CIP제어번호: CIP2016030051)

마녀의 한 다스

요네하라 마리

이현진 옮김

마음산책

마녀의 한 다스

1판 1쇄 발행 2007년 3월 25일
2판 1쇄 발행 2009년 10월 10일
2판 4쇄 발행 2016년 1월 5일
문고판 1판 1쇄 발행 2017년 1월 15일
문고판 1판 2쇄 발행 2020년 2월 25일

지은이 | 요네하라 마리
옮긴이 | 이현진
펴낸이 | 정은숙
펴낸곳 | 마음산책

등록 | 2000년 7월 28일(제13-653호)
주소 | (우 04043) 서울시 마포구 잔다리로 3안길 20
전화 | 대표 362-1452 편집 362-1451 팩스 | 362-1455
홈페이지 | http://www.maumsan.com
블로그 | maumsanchaek.blog.me
트위터 | http://twitter.com/maumsanchaek
페이스북 | http://www.facebook.com/maumsan
전자우편 | maum@maumsan.com

ISBN 978-89-6090-287-9 03900
     978-89-6090-291-6 (세트)

* 책값은 뒤표지에 있습니다.

'이단'과의 만남이야말로 애매했던 낱말의 의미를 명확히 한다.

상대는 물론 우리 자신의 의미와 처지도 자각하게 해준다.

또한 우리를 더욱 풍요롭게 해준다.

■ 일러두기

1. 이 책은 요네하라 마리가 쓴 『魔女の1ダース』(요미우리신문사, 1996)
   를 번역한 것이다.
2. 옮긴이 주는 글줄 상단에 맞추어 표기하였다.
3. 외국 인명, 지명, 작품명 및 독음은 외래어 표기법을 따르되 관용적인
   표기와 동떨어진 경우 절충해서 실용적 표기에 따랐다.
4. 국내에 소개된 작품명은 번역된 제목을 따랐고, 국내에 소개되지 않은
   작품명은 우리말로 옮겼다.
5. 잡지와 신문, 음악, 그림, 공연, 영화, 방송 프로그램 제목은 〈 〉로,
   논문이나 기사, 시와 단편 제목은 「 」로, 단행본과 장편 제목은 『 』
   로 묶었다.

프롤로그

마녀 집회에 참석한 이야기

"마법사 집회에 한번 가보시겠어요?"

"그, 그게 무슨 말씀이세요? 마법사 집회라니?"

"요즘 말로 하자면, 초능력자쯤 되려나?"

1990년 여름, 어느 잡지 취재차 모스크바에 갔을 때의 일이다. 당시 소련 공산당 청년동맹 기관지 〈콤소몰스카야 프라우다〉에서도 손꼽히는 오컬트 담당 기자 R은, 만나자마자 이런 말로 우리를 놀라게 했다.

"모스크바에는 지금도 마법사가 약 2만 명쯤 있죠. 크고 작은 500개 정도의 그룹으로 나뉘어 있는데, 매주 토요일, 일요일 오후부터 밤까지 집회를 열어요."

그 기자 말에 냉큼 따라간 우리가 안내받은 곳은 어느 한적한 동네, 지은 뒤 한 번도 손보지 않은 듯한 황폐한

단지 내의 방 3개짜리 작은 아파트였다. 우리들은 초능력자들 일곱 명에게 대환영을 받았다.

하지만 손만 잡아도 그 사람의 과거·현재·미래를 읽을 수 있다던 천리안 여인은, 우리 일행 넷 가운데 그 누구의 과거와 현재도 알아맞히지 못했고, 지금 와서 생각해봐도 예언이 완전히 빗나갔다고 단언할 수 있다. 폴터가이스트Poltergeist, 물건들이 저절로 움직이는 등 괴이한 현상를 일으킬 수 있다고 호언장담하던 남자도, 우주인을 길들였다던 남자도, 그 초능력을 우리 앞에서 보여주지는 못했다. 우리는 '뻔하지 뭐' 하는 안도감과 그래도 얼마간의 기대감이 무너졌다는 가벼운 실망을 느끼며, 서글서글한 마법사 집단을 뒤로했다.

그래도 아직 미미하나마 가능성은 남아 있었다. 손을 대지 않고도 진단하는 것이 특기인 마법사가 칼럼니스트 E의 몸에서 나오는 '오라'aura를 만지더니, "큰일났네 그려, 자네는 3개월 안에 반드시 악성 뇌종양이 생길 거야"라며 무서운 선고를 한 것이다.

이어 겉모습이 너무나도 마녀 같은 화가가 나에게, "매일 이 그림을 들여다보곤 폐암이 나은 사람이 있어. 어디 좀 아프다 싶으면 한 번만 쳐다봐도 좋아지지"라면서 자기 그림을 선물해주었다.

칼럼니스트 E는 그로부터 석 달 뒤에도, 5년이 지난 지금까지도 멀쩡하다. 내가 받은 그림은 감기도 허리 통증도 낫게 해주지 않았을뿐더러 색감도 이상해서 쳐다보고 있으면 토할 것만 같다. 결국 기분 나쁘다고 어머니가 내다버리고 말았다.

한 다스는 12가 아니다?

그나마 10만분의 1퍼센트의 기대도 깨져버렸지만 나에게는 굉장한 수확이 있었다.

첫째, 의외의 발견이 있었다. 〈콤소몰스카야 프라우다〉는 당시뿐 아니라 지금도 러시아 최대 발행 부수를 자랑하는 '퀄리티 페이퍼'quality paper, 내용의 충실성에 바탕을 두고 발행하는 고급지다. 일본으로 말하자면 〈아사히〉〈마이니치〉〈요미우리〉〈니혼게이자이〉 정도 되는 규모가 큰 신문이다. R은 그런 신문사의 과학부 기자이니 당연히 과학적인 입장에서 오컬트를 취재하러 온 줄 알았다. 그런데 아뿔싸, R은 초능력이나 마법을 진짜 믿어 의심치 않고 있었던 것이다. 마법사를 바라보는 그의 눈빛은 열광적인 숭배자나 경건한 신도처럼 보였다.

우리가 잘못 본 게 아니라는 증거가 있다. 돌아오는 길에, "이런 요상한 오컬트나 컬트가 유행하는 것은 국민의 생활 수준은 급격히 향상된 데 비해 지적 수준이 따라가지 못해 빚어지는 현상이라고 볼 수 있죠. 일본도 비슷하고요"라고 방문에 대한 감상을 덧붙여 말했다. 그랬더니, 맞장구쳐줄 알았던 R은 불같이 화를 내며 차를 세우고는 "당신네같이 불경스러운 자들이 있으니 마법사들이 제대로 힘을 발휘 못하는 거 아니오. 제길!" 하고는 자동차 문을 쾅 닫고 밖으로 나가버렸다.

또 하나, 이건 진짜 수확이다. 돌아갈 무렵 어느 마법사가 내게만 작은 책자를 하나 건네줬다. 외국인 방문자들 중에 나만 러시아어가 되니까 그랬나 보다. 검은 가죽 표지에 금박으로 『악마와 마녀의 사전』이라 새겨져 있었다. 몇 장 넘겨보니 이런 식이었다.

사랑: 공짜 이익을 얻기 위해 상대에게 거는 주문의 일종. 이 주문에 걸린 사람은 대가 이상의 것을 받았다거나 상대의 덕을 봤다고 생각한다. 주문을 외는 사람이 착각하여 자신이 손해 봤다고 여길 때도 많다. '대가를 바라지 않는 사랑' 등 일부러 토를 다는 것에서도 볼 수 있듯이, 본래는 대가가 있는 것으로 여겨진다.

희망: 절망을 맛보기 위한 필수품.

배려: 약자에게는 보이지 않고 강자에게만 보이는 공손함의 표시.

겸손: 자랑하고 싶은 것을 남이 대신 말하게 하는 방법.

　소위 '제대로 된' 세상에서 통용되는 긍정적인 개념은 부정적인 개념으로, 부정적인 개념은 긍정적인 개념으로 역전되는 패턴이었다. 열거된 낱말 중에는 '다스'도 있었는데, '13개를 한 꾸러미로 하는 단위'라고 설명해놓은 부분에서 무릎을 쳤다.

　상식적으로 연필 한 다스는 12자루다. 옆에 있는 영어사전에서 dozen을 찾아보니 '12개가 한 꾸러미'라고 나와 있고, 헤이본샤 백과사전에도 '동일한 종류의 물품 12개를 한 꾸러미로 세는 단위'라고 나와 있었다.

　그러나 악마나 마녀의 세계에서 한 다스는 13개가 당연지사다. 러일사전에서 '악마의 한 다스'를 찾아보면 '13(불길한 수)'으로 나와 있다.

　열세 번째 제자가 배신자였던 '최후의 만찬'은 들먹일 필요조차 없다. 교수대는 층계가 13개라서 '13계단'으로 불리기도 한다. 이처럼 기독교 문화권에서 13은 불길하고 사악한 숫자다. 일본이나 중국에서 '4'가 죽을 사死 자와 같은 음이라 병원이나 호텔, 맨션에서 4층을 피하듯이, 서양에서는 13호실도, 13층도 두지 않는 관습이 보편적이라는 것은 다 아는 사실이다. '13공포증'triskaidekaphobia이라는 단어가 있을 정도다.

그에 비해 12는 행운의 숫자다. 예수 그리스도가 태어난 것도 12월, 그 제자 수도 12, 1년은 12개월, 하루는 12의 두 배로 24시간이다. 서양 점성술에서는 하늘도 12별자리로 나눈다. 1년이나 하루를 원으로 보고 12등분하는 방식은 바빌론에 기원을 두고 있는 듯하다. 이것이 유럽이나 중국으로 전승되었고, 중국에서 만들어진 십이지+二支는 극동의 일본에까지 전해져 우리 생활 속 깊숙이 자리잡고 있다.

12라는 숫자는 질서와 안정을 상징하는 데 비해 13은 이를 휘젓는 방해꾼이자 뭔가 모자라는 자투리 취급을 받는 게 고작이다. 그것을 기독교에서는 악마와 연결시켰나 보다.

악마는 원래 불교 용어로 불도를 방해하는 사악한 신들을 총칭하는 말인 듯하나, 기독교 문화권 원어를 번역할 때도 빌려와서 쓰는 것 같다. 한편 '악마'로 번역되어 쓰이는 말이자 헤브라이어에 기원을 둔 '사탄'은 신과 그리스도, 인간의 적대자다. 인류의 조상인 아담과 이브를 유혹해 원죄를 짓게 하고, 낙원에서 쫓겨나도록 만든다. 그 후에도 인류가 가는 곳마다 따라다니며 신의 가르침을 방해하고 나약한 인간 안에 들어와 죄를 저지르게 하는 악역으로 활약한다.

악마와 마녀는 이단의 대명사

이건 모두 성서에 따른 해석이다. 역사적 사실을 따져 올라가보면, 악마나 그 정부인 마녀는 기독교의 가르침과는 다른 해석을 하는 문화권의 사람들로 보인다. 즉 이단이나 다른 종교를 가진 사람들인 것이다.

시대에 따라 악마, 마녀, 악령으로 불리는 이단의 범주는 여러 모습으로 바뀌었다. 게르만의 원시적 다신교 신들인 데몬demon, 악마의 어원 중 하나과 그 신봉자, 고대 그리스와 로마(데몬의 어원 다이몬daimon은 원래 그리스 신화에서 지상의 좋은 정령을 말한다) 혹은 동양 문명이나 그 문화권 사람들, 성서의 가르침과는 다른 세계관을 주장하는 천문학자가 곧 그들에 해당한다.

어느 종교든 정통을 자임하는 세력은 그와 다른 교의나 해석을 보이는 세력을 이단으로 여겨 배척하고 단죄하는 경향이 있다. 배타적 유일신교인 기독교는 특히 그런 경향이 강했다. 가톨릭 내에서 이단을 적발하고 처벌하기 위해 이단심문이라는 재판제도를 마련한 시기는 12세기 후반의 일이다. 이단을 적발하는 데 있어, 성직자뿐 아니라 일반 신도의 밀고도 장려되었고, 심문관에게는 피의자를 고문하는 권한까지 주어졌다고 한다.

'이단'의 범주는 점점 확대 해석되어 교의상 이단인 것에서 그치지 않고 민간신앙이나 전통적 치료법, 교회 내의 권력투쟁에까지 적용되었다. 그러니 종교개혁자 얀 후스뿐 아니라, 성서에서 말하는 천동설을 뒤엎고 지동설을 갈파하면서 우주의 무한성과 범신론까지 대담한 사상을 전개한 조르다노 브루노, 영국의 침략에서 프랑스를 구한 오를레앙의 소녀 잔 다르크까지도 화형에 처해버린 것이다.

13세기 이후에서 17세기 말엽까지 유럽 각지에 불어닥친 '마녀와 악령'에 대한 기독교의 탄압은 갈수록 심해졌다. 마녀사냥, 고문, 마녀재판, 화형이라는 부조리하고 광신적인 방법으로 10만 명 이상이나 살육되었다.

빅토르 위고의 『노트르담의 꼽추』가 금방 떠오른다. 이 작품은 노트르담 사원의 꼽추 종지기가 짝사랑하는 아름다운 집시 무용수 에스메랄다가 누명을 쓰고 마녀로 처형당하는 과정을 비참하고 그로테스크하게 그렸다.

18세기에 접어들어 좀 더 합리적인 계몽주의 사상이 보급되면서 마녀사냥은 점차 시들해진다. 악마니 마녀니 악령이니 하는 말은 쓰지 않지만, 그 후로도 마녀사냥은 이름을 바꾸어가며 세계 각지에서 계속됐다. 히틀러의 나치가 통치하는 제3제국에서 '유대인'은 마녀의 다른 이름이었다. 우파가 힘을 쓰던 대일본제국 시절에는 '비국민'이나 '빨갱이'로 불렸고, 스탈린 독재 아래 소련에서는

'트로츠키스트'니 '외국 스파이'로 불렸다. 또 매카시 선풍이 몰아친 미국에서는 빨갱이로 총칭되었는가 하면, 문화대혁명 당시 중국에서는 반혁명분자로 낙인이 찍혔던 것이 아직도 기억에 선명하다.

국민들을 빠르고 효율적으로 전쟁으로 몰고 가거나, 권력 장악을 목적으로 강제 동원하기에는 이 마녀사냥이라는 방법이 효율적이다. 전체주의에서 마녀는 없어서는 안 될 존재다. 획일적인 방향으로 국민의 사상을 통제하기 위해서는 세계관이나 사상, 행동양식과 사고방식이 다른 사람을 다잡아야 할 필요가 있다.

하지만 이런 체제는 오래가지 않으며 결국은 참담한 종말을 맞이한다는 것도 잘 알려져 있다. 물론 그 후유증은 이후에도 그 사회와 구성원을 괴롭힌다.

이문화異文化 수용은 언제나 동경과 반발을 동반한다

이렇게까지 광신적이거나 잔학스럽지는 않다고 해도 이색분자나 이단을 싫어하고 다른 문화나 사고 방식에 대해 폐쇄적인 사회나 집단은 어느 시대, 어느 민족에나 있다. 또 우리 각자에게도 그런 면이 있다. 그렇기에 마녀사냥이라는 집단 히스테리 현상도 가능했다. 위정자의 뜻만으로는 도저히 불가능한 일이니까.

이문화에 대한 대응에는 수용과 배척이라는 양극 사이에 여러 단계가 있다. 번역의 역사를 논한 명저 『번역사 오디세이』국내 번역본: 이희재 옮김, 끌레마, 2008년 출간에서 저자 쓰지 유미辻由美는 이렇게 쓰고 있다.

> 번역은 거의 숙명적이라 해도 좋을 만큼 상호 모순되는 가치관을 떠맡고 있다. 다른 문화의 영향을 받지 않은 순수 문화는 어디에도 존재하지 않는다는 사실, 다른 문화를 흡수하는 능력은 역동성의 증거라는 사실을 부정할 사람은 아마 없을 것이다. 뿐만 아니라 다른 문화에 대한 동경은 어느 누구의 마음속에나 있다.
>
> 그렇지만 한편으로는 어느 문화든 실제 이상으로 '독자성'을 주장하고 싶어한다. 흉내는 언제나 부끄러운 것이다. 게다가 '밖의 것'은 때로는 '외압'처럼 여겨지고, 기존의 가치관과 질서를 위태롭게 만든다. 정체성의 위기로 받아들여지는 경우조차 있다.
>
> 어느 시대건 번역은 '지배적 문화'로 여겨지는 언어로부터 이루어지기 때문에 더더욱 그렇다. 가령 지금 같으면 거의 모든 나라에서 영어 번역이 압도적으로 다수를 차지할 것이다. (…)
>
> 하지만 지배적인 것에 대한 동경은 때때로 억압된 반발

과 나란히 가고, 그것은 증오로 돌변하기도 한다. 일본의 근대만 해도 그렇다. 예부터 일본인은 중국 문화를 전범으로 삼아왔다. 그러나 일본 문화 연구가인 도널드 킨도 지적하듯이 근대의 여명기에 일본이 중국에서 서양으로 지향점을 바꾸었을 때 싹튼 것은 그때까지 스승으로 모셨던 중국에 대한 적대감과 경멸이 아니었던가.

역사적 정황은 전혀 다르지만 근대 유럽에서 일어난 반유대주의에서도 여기에 견줄 만한 배경을 엿볼 수 있다. 프랑스의 역사학자 레옹 폴리아코프는 유럽 세계가 그리스도교 지배에서 벗어나 선조를 아담 대신 아리아인에게서 찾으려고 했을 때, 그것이 동시에 그리스도교의 원류에 위치한 유대인을 향한 가공할 무기로 변해가는 양상을 훌륭히 분석했다.

쓰지 유미는 러시아어통역협회 주최 '제16회 통역의 여러 문제들'이라는 심포지엄에서 각국의 번역사를 제시하고 번성기의 아라비아, 르네상스기의 유럽, 고대 통일국가 형성기의 일본 등을 예로 들면서, '사회의 격동기를 맞이한 나라에서는 어느 시대건 번역이 왕성했다'는 요지의 강연을 했다. 그것은 이문화를 포용하는 새로운 세계관이나 사고방식이, 나아갈 길을 잃은 사회나 문명에 돌파구를 열어주고 새로운 가능성을 제시하기 때문이리라.

이단은 완결된 것처럼 보이는 세계에 구멍을 내준다. 늘 보아온 풍경을 달리 보게 하고, 신선한 면을 보게 한다. 하지만 지금까지 정의나 상식으로 여겨져온 것을 뒤집는 위협도 숨기고 있다.

13이라는 숫자는 우리에겐 길조

나는 자의식 과잉에 스스로를 과도하게 표현하려 하는 사람임에도, 다른 사람의 말을 다른 사람의 귀로 듣고 다른 사람의 입이 되어 전하는 통역 일의 매력에 홀딱 빠지게 되었다. 그 계기가 된 도쿠나가 하루미 선생과의 충격적인 만남에 대해 언급하고 싶다. 사실 그 무렵, 도쿠나가 선생과는 대조적인 나카가와 겐이치라는 또 다른 선생과도 만났다. 앞의 분이 양이라면 뒷분은 음이요, 낙관론자 대 비관론자, 막 무너질 듯한 다리라도 마구 건너버리는 타입 대 돌다리를 두드려보고도 건너지 않는 타입이다. 어려운 회의가 다가와도 앞의 분은 진짜 잘 드시면서 "경마용 말도 우승할 녀석은 경기에 나갈 때마다 무지하게 먹어대니 살이 잘 찐다더라, 우하하하" 하며 자화자찬하는 데 반해, 뒤의 분은 걱정에 걱정이 앞서 음식을 넘기지 못한다.

당연히 통역하는 타입도 달라, 도쿠나가 선생이 본질을 꿰뚫어 전체를 전해주는 데 반해 나카가와 선생은 통역사에게 드문 완벽주의를 보이며 한 단어 한 단어를 엄밀하고도 완벽하게 통역한다. 동시통역의 찰떡궁합 명콤비가 아닐 수 없다.

처음부터 끝까지 정반대인 듯한 두 사람이지만, 일본에서 러시아어 통역의 선구자로 불리기에 합당한 공통점을 지니고 있다. 당신들이 배운, 혹은 찾아낸 통역 기술이나 방법론을 후배들에게 전수하는 데 모든 열정을 쏟아붓는다는 점이다.

나카가와 선생이 언젠가, "절대 절대 외치지만, 인간사에 절대라는 것은 절대로 없어"라는 기묘한 말씀을 하신적이 있다. 이율배반의 표본 같은 말이지만, 정말 명언이었다는 것을 나중에 깨달았다.

어느 나라, 어느 문화권에서 절대적으로 여겨오던 '정의'나 '상식'이, 다른 문화에서 이어온 발상이나 가치관에 비추어지는 순간, 또 시간이 흐르고 그 문화권 자체가 변화하면서 맥없이 무너져가는 현장을 얼마나 많이 봤던가. 한편, 인간은 지치지도 않고 절대적인 가치를 찾아 헤매는 동물이기도 하다.

서양인들이 그토록 싫어하는 13이라는 숫자도 동양에서는, 적어도 중국이나 일본에서는 오히려 길한 숫자다.

송대에 확정된 불교법전은 13경으로 정리되었고, 또 중국 불교에는 13종이 있다고 한다. 또한 음력 3월 13일(지금은 4월 13일)에는 13세 소년, 소녀가 차려입고 복덕福德, 지혜智慧, 음성音聲을 받기 위해 보살님을 참배하는 '13참배'라는 행사가 있다. 당일 경내에서 13가지 과자를 사서 일단 허공장虛空藏 허공과 같이 무한한 자비로 중생의 바람을 이루어 준다는 보살께 바친 다음 다시 가지고 돌아와 식구들에게 먹게 했다고 한다. 교토에서는 호린지法輪寺가 이 행사로 유명하단다.

이렇게도 13을 좋아하다니 중세 유럽인이 본다면 일본인 모두 마귀가 씌었다고 할지도 모른다. '고장이 다르면 풍습도 다르다.' 같은 사물, 같은 현상도 역사적 배경과 문화가 다른 사회에서 보면 전혀 다르게 보인다.

수수께끼 하나. 사우디아라비아 왕자가 혼자 일본에 왔다가 한눈에 홀딱 반한 차가 있었다. 왕자는 "호화롭고 화려하고 기품 있고 위엄도 있어. 이거야말로 지금까지 내가 찾아다니던 이상적인 자동차야"라며 당장 사들여 지금도 애용하고 있단다. 확실히 요만큼의 편견도 없이 본다면, 왕자가 말한 형용사는 이 자동차를 묘사하기에 딱 알맞을지도 모르겠다. 하지만 대부분의 일본인은 결코 이 차로 출근하고 싶지 않을 것이다. 과연 이 차는 무엇일까요?

아담과 이브의 국적

인간에게 원죄를 짓게 한 사탄이 저지른 짓에 대해서도 나라마다 관점이 많이 다르다. 뱀으로 둔갑한 악마의 유혹에 빠져 신이 금지한 사과나무 열매를 먹어버린 아담과 이브는 지혜와 성애를 배운다. 그 때문에 두 사람은 에덴이라는 낙원에서 쫓겨나고, 이때 죄 많은 인류의 파란만장한 역사가 시작되었다고 한다. 과연 그 에덴은 어디에 있었을까? 아담과 이브는 어느 나라 사람이었을까? 기독교와 성서를 문화적 정체성의 근간으로 인식하고 있는 서구에서는 아직도 이 논의가 왕성하다.

어느 문화인류학 국제회의에서 아담과 이브의 국적에 대해 격렬한 토론이 벌어졌다. 어느 나라 학자건 자기 나라 사람이길 바랐나 보다. 기독교 문명권이 아닌 곳에서 온 나로서는 좀 이해하기 어려운 일이었다. 아무튼 그런 바람이 그네들 마음속 깊이 있다 보니 논의도 뜨거워졌다.

우선 영국인 왈, "에덴동산은 우리 영국 외에는 생각할 수가 없소"라고 했다. 그 뜻인즉, "영국은 신사의 나라요. 사과가 하나밖에 없을 때, 당연히 여성에게 양보하는 것이 젠틀맨십이죠. 아담은 영국 신사였을 거요."

이에 프랑스 학자도 "아니오, 두 사람은 프랑스인이 틀림없소"라며 물러서지 않는다. "겨우 사과 하나로 남자에게 몸을 맡길 여자는 프랑스인 외에는 생각할 수 없거든"
이라며 상당히 설득력 있는 발언을 내놓는다.

이때 가만히 듣고만 있던 소련 학자가 갑자기 일어서더
니 자신만만하게 내뱉었다.

"논의를 이제 끝내죠. 아담과 이브는 우리 동포가 틀림
없어요. 입을 것도 변변치 않아 거의 알몸으로 살고 있고
먹을 거라곤 사과 하나 정도밖에 없는데, 거기를 낙원이
라고 믿게 하다니 소련 외에 다른 곳을 생각할 수 있을
까요?"

이에 세계 각국의 쟁쟁한 학자 선생들도 꽤나 납득이
갔는지 달리 반론이 없었다고 전해진다.

이단이 있는 풍경

이는 『새로운 러시아 사람들』국내 번역본: 조정남 옮김, 교양사, 1966년
출간의 저자 헤드릭 스미스Hedrick Smith가 소개하고 있는 유
머다. 극동에 위치한 우리가 보면 유럽이라 총칭되는 기
독교 문명권인데도 이렇게나 서로 다르다. 개성이 다른 것
이다. 또한 각자 상식이라고 생각해오던 것이 충돌하면서
상대화하는 것을 살펴볼 수 있다.

이제, 여러 가지 이단이 있는 풍경을 소개하려 한다. 베

를린의 조선인, 이스탄불의 일본인, 바르나의 이란인, 모스크바의 베트남인, 마닐라의 스위스인, 시베리아의 일본인, 나라의 러시아인, 도쿄의 후쿠시마인, 시베리아의 프랑스인, 베니스의 미국인, 아프리카의 일본인 등등.

늘 보아오던 풍경 속에 이색분자가 섞이면 지금까지 보이지 않던 것이 보일 것이다. 희한하고 요상한 일에다 의외의 발견, 놀라운 재발견이 있을지도 모른다. 그리하여 늘 당연하게 여기던 정의나 상식에 찬물을 끼얹어보고 싶다. 가능하면 『악마와 마녀의 사전』식으로 긍정적인 가치와 부정적인 가치를 역전시켜보고 싶다.

참, 앞에 쓴 수수께끼의 답을 알려드리겠다.

사우디아라비아 왕자 중 한 명이 일본에 놀러왔다가 홀딱 반해서 사갔다는 그 호화롭고 화려하고 기품 있고 위엄 있는 이상적인 차란?

영구차.

문화의 차이는 가치를 낳는다

이스탄불의 일본인

아시아와 유럽을 가르는 보스포루스 해협 양 기슭에 걸쳐 있는 이스탄불은 세계에서 가장 아름다운 도시 중 하나로 알려져 있다. 고대 그리스 시대에는 비잔티움이라 불렸고, 4세기 때 로마제국이 동서로 나뉜 후에는 동로마의 수도로 '제2의 로마' 혹은 콘스탄티노플로 불렸다. 서로마제국은 '게르만 민족의 대이동'이라는 불똥이 튀는 바람에 5세기에 멸망해버렸지만, 동로마제국은 오스만투르크에 정복당한 15세기 전까지 연명할 수 있었다. 그 후 1923년에 앙카라로 천도하기 전까지 터키의 수도였다.

서두부터 관광 가이드북이나 역사 교과서를 복습하려는 건 아니지만, 이스탄불은 세계사 수업을 되뇌게 할 정도로 역사적인 도시다. 교외에는 고대 그리스나 로마 시대의 유적도 있고, 그리스 정교 총본산의 역할을 맡아온 성 소피아 대성당, 아흐메트와 슐레이만의 2대 이슬람 사원과 토프카프 궁전 등, 시대마다 이곳을 지배한 나라와 민족이 남긴 자취가 아직도 숨 쉬며 신비한 매력을 띠고 있다.

7년쯤 전1989년경 초여름, 이곳에서 유럽 쪽 구시가지에 위치한 시르케지 역驛 승강장에 묘령의 일본 여자가 내려섰다. 다 해진 청바지에 헐렁한 티셔츠를 입은 꾀죄죄한 옷차림에 무거워 보이는 배낭을 짊어지고 있었다. 고개를 떨군 얼굴을 보면, 첫눈에도 맥이 빠졌다는 것을 알 수 있었다. 배낭에 대롱거리는 꼬리표에는 구로카와 히토미라고 적혀 있었다.

히토미는 신혼여행을 위해 휴가를 4주나 따냈건만, 식을 올리기 직전에 파혼되었다. 자신의 뜻도 있었기에 파혼에 대한 미련은 털끝만큼도 없었다. 하지만 주위의 동정과 호기심 어린 눈초리도 귀찮았고 그동안 받은 정신적인 스트레스도 엄청났다. 그래서 겨우 얻은 휴가를 취소하지 않고 몸과 마음을 추스르는 데 쓰기로 했다. 빈, 프라하, 부다페스트와 동유럽을 둘러보았으나 홀로 하는 여행이다 보니 긴장과 불안 탓에 오히려 지쳐버렸다. 다가오는 사내들은 하나같이 짜증만 더했다.

"베트남 출신?"

그들은 멸시 어린 능글맞은 눈초리로 히토미를 훑어내렸다. 하지만 일본인이라는 걸 아는 순간 돌변해버렸다. 돈푼깨나 있겠다 싶어 그러는지 비굴할 정도였다. 아, 싫다 싫어. 그래서 부다페스트에서 열차에 올라탄 이후 베오그라드에도 소피아에도 내리지 않고, 여기 이스탄불까지 단숨에 와버린 것이다.

7월은 터키에서도 제일 더운 계절일 테지만, 동부 아나톨리아 등 소아시아 내륙 지역과 달리 이스탄불은 지중해성 기후라서 다행히 지내기 좋다. 택시를 잡아타고 역 안내소에서 소개받은 호텔 이름을 댔다.

"아가씨는 베트남에서 왔소?"

택시를 타자 프라하나 부다페스트 등에서 메스꺼울 만큼 들어온 그 대사를 또 듣는다. 하지만 경멸한다는 느낌은 없었다. 아, 그렇지. 여기는 아시아 땅이라 그런가?

운전사는 붙임성 있는 새까만 눈동자로 히토미를 바라보며, "이스탄불은 처음이슈?" 하고 물었다. 그러고는 칼끝처럼 경계심을 품느라 까칠해진 히토미의 마음을 풀어주듯 애교 있게 웃어준다. 일본인이라는 사실을 확인한 후, 운전사의 반응은 정상이 아니었다. 호텔은 유럽 쪽 구시가지에 있을 법한데 제멋대로 아타튀르크 다리를 지나 금각만을 건너 신시가지로 향했다. 더욱이 해협을 따라 차를 몰면서 "보스포루스 해협을 가보지 않고 이스탄불에 가봤다고 말하지 마세요"라고 읊더니만 보스포루스 대교를 건너 아시아 쪽 시가지를 일주하더니, 돌아오는 길에는 제2보스포루스 대교를 경유한 다음 어느새 소아시아까지 왕복해버리는 것이었다. 분명 돈깨나 있는 일본 여자다 싶어 봉잡은 줄 알고 이러는 것 같아 히토미의 얼굴은 저도 모르게 굳어갔다. 악덕 운전사의 세 겹이나 되는 턱 위 얼굴이 왠지 모르게 싱글벙글하고 있는 것 같다. 아무래도 관광을 계속하려나 보다.

"서두르고 있어요. 빨리 호텔로 가주세요."

조심스럽게, 하지만 단호하게 말하는 히토미에게 운전사는 "어? 그러우? 아이구, 그럼 진작 말씀하시지" 하고 맥이 풀릴 정도로 쉽사리 응한다. 신시가지에서 갈라타 다리를 지나 구시가지로 돌아서 겨우 목적지인 호텔에 닿았다. 하지만 운전사는, "해 뜨는 나라에서 오신 분이라는 걸 안 이상, 요금을 받을 순 없지요"라며 한사코 돈을 받으려 하지 않았다.

싸구려 방 투숙객인데도 호텔 측의 환대 또한 사탕발림 이상이었다. 숙박료는 받았지만 분명히 있는 방 중에서는 제일 좋은 것으로 내준 것 같다. 프런트 직원도 메이드도 의례적인 미소를 넘어 호의에 가득한 웃음을 보낸다. 그러고는 마치 입버릇처럼, "도고, 도고"라고 한다.

샤워를 하고 산책에 나섰다. 길가의 꽃집에서 누가 말

을 걸어온다.

"아가씨, 혹시 일본 사람?"

그렇다고 하니, 들고 일어설 수도 없을 만큼 꽃을 한아름 안겨준다.

"꼭 받아가세요" 하며 덧붙이는 말이 "도고 나라 사람이니까."

아, 그렇구나, 도고 헤이하치로東鄕平八郎 때문이구나. 이때 처음으로 히토미의 수수께끼가 풀렸다. 러일전쟁 때 여순항 봉쇄작전을 지휘했고, 러시아 해군 태평양 함대를 상대로 한 동해해전에서 발틱함대를 일본 근해에서 괴멸시킨 제독의 이름.

20세기 초, "극동의 조그만 나라 일본이 대국 러시아를 무찔렀다"는 뉴스가 서구 열강의 식민 지배로 허덕이던 아시아의 여러 나라들에게 그 얼마나 희망과 용기를 주었는지는 여러 곳에서 들은 바 있다. 인도 초대 수상이 된 네루의 전기에도, "지금까지 품어온 백인에 대한 열등감을 씻어주었다"라고 그때의 감동이 기록되어 있다. 그 당시 일본은 아시아 여러 나라 사람들뿐만 아니라, 백인의 제국주의 약탈과 착취와 차별에 신음하던 세계 곳곳의 유색인종들에게 희망의 별로 보였을 것이다.

하지만 그 후 일본은 스승으로 우러러보고 본받던 서구 열강 못지않은 잔혹한 제국주의 나라로 돌변했고, 아시아의 여러 이웃들은 '대동아 공영권' 구상에 휘말려 그 화를 톡톡히 입었다. 결국 일본에 대한 환상을 깨끗이 지워버리고 원망에 가득한 증오마저 품게 되었다. 그러나 이렇게 멀리 떨어진 터키까지는 일본의 군홧발도 불명예스러운 소문도 미치지 않아, 다행인지 불행인지 일본에 대한 동경과 존경의 시선이 가시지 않고 있었던 것이다.

닭살 돋는 느낌이었지만 호의에 찬 시선 속에서 지내는 것도 나쁘지는 않았다. '그럼 이스탄불에서 그동안 날카로웠던 신경을 좀 쉬게 해볼까?' 히토미는 여기서 조금 느긋하게 지내보기로 한다.

바르나의 이란인

2주일이나 있다 보니 토프카프 궁전, 고고학 박물관, 이슬람 박물관 등 웬만한 곳은 다 돌아본 터라 히토미는 조금 먼 데로 발길을 돌려보고 싶어졌다. 가이드북을 펴 지도를 들여다보다 바르나라는 지명이 눈에 들어왔다. 불가리아가 자랑하는 흑해 연안의 휴양지다. 이스탄불에서 300킬로미터쯤 될까. 비행기 편도 있었다. 그래, 한번 나서볼까.

당장 여행사를 찾아다녀봤지만 그 어디에서도 다음 주

까지는 빈 좌석이 없다고 했다. 마침 성수기에 걸린 것이다. 대기자 명단도 엄청나게 길었으니 무작정 자리가 나기를 기다릴 수도 없는 노릇이었다. 네댓 군데 둘러보았으나 모두 같은 대답이었다. '뭐, 바르나와는 인연이 없는 게지' 하고 돌아서려는데 뒤에서 "아가씨, 버스에 빈자리가 하나 있는뎁쇼"라며 사장 겸 유일한 사원 같아 보이는, 얌체 수염을 기른 남자가 외쳤다.

"어디서 오신 귀한 손님인데, 헛걸음을 하게 할 수는 없죠. 2박3일 단체손님들 틈에 끼워 드릴깝쇼? 특별히 최고로 싼값에 해드리다. 왕복 버스비, 일류 리조트 호텔 2박, 하루 세 끼까지 모두 합해 요금은 단 200달러! 어때요?"

음, 확실히 싸긴 싸다. 아니, 너무 싸서 불안하다.

"출발은 내일 아침 8시. 죄송하지만 선불인뎁쇼."

생각하고 말고 할 틈도 주지 않고 속사포처럼 쏟아내는 남자의 말에 홀려 200달러를 내고 말았다.

돈을 받은 다음 얌체 수염은 쩝쩝 소리를 내며 입맛을 다셨는데 느낌이 영 꺼림칙했다. 그런데 다음 날 아침 반신반의하는 마음으로 가봤더니 웬걸, 그럴싸한 대형 관광버스가 대기하고 있는 게 아닌가. '그 사장, 눈초리가 교활해 보인다고 생각했었는데, 역시 난 사람 보는 눈이 없어. 의심해서 미안해요' 하고 속으로 사과하며 버스에 올라탔다.

하나, 둘, 셋 하고 버스 계단을 올라선 순간, 히토미는 이상한 시선을 느꼈다. 갑자기 강렬한 광선을 받은 것 같은 충격. 간신히 마음을 추슬러 차 안을 둘러보니 30대에서 40대쯤 되어 보이는 수염 기른 남자들 마흔 명가량이 일제히 히토미에게 시선을 모았다가 후다닥 거두었다. '눈빛'이라는 말이 있는 만큼 눈에서 빛도 발산한다는 사실을 히토미는 곧 깨닫게 되지만 아직은 아니다. 지금 히토미는 얌체 수염 사장에게 마음으로나마 사과한 것을 후회하고 있는 중이다. 어쩌지? 그냥 돌아갈까? 그러자니 200달러가 아깝고.

"맨 앞좌석은 댁을 위해 일부러 비워둔 거라우. 사장이 부탁하더구먼. 빨리 앉기나 하슈."

배포 두둑한 목소리에 간신히 이해할 정도로 서툰 영어가 들려왔다. 목소리가 들려온 운전석 쪽을 보니 뚱뚱한 아저씨가 앉아 있었다. 이스탄불에 오자마자 익숙해진 예의 그 호의에 찬 웃음을 띠고 있다. 히토미는 왠지 안도감이 들면서 편안해져 시키는 대로 그 좌석을 차지했다.

버스는 곧 출발했다. 한참 동안은 창밖의 경치를 바라보느라 몰랐지만 어느새 신경이 쓰이기 시작했다. 남자들로만 이루어진 이 조용한 집단은 도대체 뭐지? 아무리 생각해봐도 짐작이 가지 않는다. 보통 관광객으로 보이지도 않고, 학자들의 워크숍도 아닌 것 같다. 물론 야유회를 가는 회사원들로 보이지도 않았다. 불가리아가 옛날에는 오스만투르크 지배 아래 있었으니 바르나도 이슬람과 관련된 순례지가 있는 것일까. 확실히 순례지를 향하는 듯한 엄숙한 분위기가 버스 안에 충만한 것은 사실이었다.

그러던 중 버스는 국경을 넘어 불가리아의 작은 마을 휴게소에 당도했고, 점심을 먹게 되었다. 동행 일동은 히토미에게 도를 넘어설 정도로 깍듯하게 예를 지켜주어 몸 둘 바를 모르게 했다. 식탁에서도 히토미가 앉을 때까지 누구 하나 먼저 앉으려 하지 않았다. 수프를 먹을 때도, 메인 요리를 먹을 때도, 80개의 눈에서 쏟아지는 강렬한 눈빛을 견뎌야 하는 것은 참아내기 힘든 일이었다. 얼굴을 들면, 자신을 향해 있던 시선들이 마치 '다다다닥' 소리가 날 것처럼 일제히 비켜가는 것을 알 수 있었다. 즐겁게 식사하면서 대화를 즐길 분위기가 아니었다. 그래도 어찌어찌해서 이 남자들이 이란에서 왔다는 것은 알아낼 수 있었다.

휴게소에서 두 시간 정도 더 가서야 간신히 목적지인 리조트 호텔에 닿았다. 해변과 접한 꽤 멋진 호텔이었다. '그 얌체 수염 사장, 의외로 양심적인데' 하며 로비로 들어갔다. 수염쟁이들이 모여 와글와글 의논을 하는 듯하더니 그중 한 남자가 히토미에게 걸어와서는 엄숙하게 의사를 전했다.

"코너에 스위트룸이 하나 있는데요, 저희끼리 상의한 결과 아가씨가 이용하시는 게 좋겠다고 의견을 모았습니다."

갑자기 이런 친절을 다 베풀다니 지금까지 의심의 눈초리를 거두지 않았던 게 부끄러워졌다. 격식을 갖춘 호의인 만큼 기쁘게 응하기로 했다.

여독도 풀 겸 샤워를 하고 나와 바다 쪽으로 난 발코니로 나가보았다. 방은 2층에 있어 바로 눈 아래로 정오가 지난 시각의 해수욕장을 조망할 수 있었다. 시선을 왼쪽으로 돌린 히토미는 하마터면 소리를 지를 뻔했다. 오늘 아침 버스를 탄 이후 뭔가 석연치 않았던 의문, 그 의문이 눈앞의 광경 덕에 바로 풀렸기 때문이다.

히토미의 왼쪽으로 활처럼 오목한 아치를 그리고 있는 발코니 하나하나마다 함께 관광 온 수염 아저씨들이 진을 치고 있는 게 아닌가. 그들은 말 그대로 빨려 들어갈 듯이 수영복 입은 여자들을 주시하고 있었다.

이슬람교 중에서도 특히 계율이 엄한 시아파를 국교로 삼은 이란에서, 여자들은 남편 이외의 남자 앞에서는 몸은커녕 얼굴조차 보여서는 안 된다. 이 채워지지 않는 욕망을 상대로 '수영복 입은 여자 보러 가기 관광'을 기획한 얌체 수염 사장은 위대하다! 역시나. 유럽과 아시아 틈새의 나라, 터키의 상인이어라. 거친 바다를 뚫고 기슈의 귤을 에도로 날라다 팔아 큰 이문을 남긴 상인 기노쿠니야 분자에몬紀伊國屋文左衛門 따위와 어찌 비교가 되리오.

'희소성'이라는 가치

아토다 다카시阿刀田高의 작품 중에 「병조림의 사랑」이라는 훌륭한 단편이 있다. 주인공 남자는 단 한 번 정을 나눈 여자의 모습도 목소리도 기억하지 못하면서, 여자가 뿌렸던 묘한 향수 냄새만은 선명하게 기억하고 있었다. 그러나 그 향수는 어느 가게에서도 찾을 수 없었다. 희귀한 향수 냄새로 인해 그 여자에 대한 마음은 더욱 애틋해지기만 했다. 하지만 1년쯤 지나자 같은 향수가 프랑스에서 대량 수입되어 여기저기로 퍼져 어느 여자건 그 향수를 뿌리고 다니게 되었다. 그러자 '여인에 대한 기억도 갑자기 싸구려가 되어버렸다'는 줄거리였다.

사물 자체가 아니라, 그것이 희귀하기 때문에 가치를 두는 인간 성향에 관한 내용이 이 작품의 플롯을 이룬다. '희소 가치'를 밑천으로, 작가는 글을 쓰고 상인은 돈벌이를 한다.

계율이나 법령 등으로 공급이 금지되거나 제한될 경우, 욕망은 오히려 커진다. 금연을 시도해본 사람에게는 익숙한 경험일 것이다.

고르바초프가 막 등장했을 무렵, 절주령을 내렸더니 오히려 보드카의 소비가 급증했다는 좋은 예도 있다. 그 당시 유행했던 이야기 한 토막으로 이런 것이 있다.

화장품 매장에 온 어느 남자가 "하아" 하고 숨을 내뱉으며 물었다.

"이런 오드콜로뉴 있수?"

그러자 점원도 숨을 "후우" 내뿜으며,

"아유, 죄송한데, 이런 것밖에 없네요"라고 했단다.

참, 이런 것도 있다.

밤이 깊어 집에 돌아온 고르바초프를 맞이하던 라이사 여사가 외쳤다.

"어머, 당신. 이마가 왜 그래요?"

그의 심벌 마크인 이마의 반점이 온데간데없이 사라진 게 아닌가.

"어? 그게 어디로 갔나? 오늘 고향 녀석들이 찾아와서 오랜만에 한잔하기로 했거든. 가게를 열 군데나 돌았는데 가는 곳마다 술을 안 팔더군. 할 수 없이 모스크바의 술집이란 술집은 다 돌아봤지. 그래도 마찬가지더군. 결국 약국에서 얼룩 빼는 약을 샀지."

절주령이 내린 이 무렵에는 주류뿐 아니라 알코올이 포함된 화장품 종류, 집에서 만드는 보드카의 원료인 설탕까지도 가게에서 자취를 감추었다. 설탕물에 이스트를 섞어 발효시키면 술이 되기 때문이라고 어느 러시아인이 알려주었다.

그 무렵 소련에서 열린 회의에 통역 일로 일본인들과 동행했을 때였다. 회의 휴식 시간, 커피에 같이 나온 각설탕을 한 움큼 거머잡아 양복 주머니에 쑤셔넣는 소련 측 인사들의 모습을 몇 번이나 목격할 수 있었다.

설탕이 가게에서 자취를 감추자 곧이어 잼이나 과자도 보이지 않게 되었다. 그러다 치약까지도 모습을 감추었다. 치약에도 설탕이 함유되어 있기 때문이다.

더욱 놀라운 것은 구두약까지도 사라졌다는 사실이다. 구두약을 빵에 듬뿍 발라놓으면 거기에 포함된 알코올이 만유인력의 법칙에 의해 조금씩 밑으로 내려와 빵에 스며든다. 알코올이 충분히 스며들면 구두약만 걷어내고 그 빵을 먹었다고 한다.

아무리 그래도 그건 못 믿겠다고 여길지 모르지만, 이는 소비에트연방 정부기관지 〈이즈베스티야〉에 게재된, '절주령이 일으킨 파문'에 관한 학술논문에 소개된 실례다. 알코올 절제 캠페인 말기, 절주령이 소기의 목적을 달성하지 못했을 뿐 아니라, 오히려 역효과를 내 사회·경제적으로 혼란을 가속하니 당장 철회해야 한다는 논의가 힘을 얻기 시작할 무렵이었다.

이 시점에서 페레스트로이카_{소련의 사회주의 개혁 이데올로기}의 실패는 이미 자명한 일이었는지 모른다. 채워지지 않으면 오히려 그 수요가 더 커진다는 인간 심리를 소련은 잘 알고 있을 거라고 생각했지만.

무슨 말인고 하니, 소련은 옆 나라 핀란드의 금주령 덕택에 외화를 꽤 벌어들인 적이 있다. 매주 금요일 밤이면, 지금은 상트페테르부르크라는 옛 이름으로 돌린, 소련 제2의 도시인 레닌그라드에 '술 마시기 관광' 손님들을 태운 핀란드의 대절버스가 꼬리를 물고 대거 몰려들었다. 그들은 일요일 저녁까지 2박3일을 결코 싸다고 할 수 없는 외국인 전용 호텔에 틀어박혀 소련 보드카와 코냑을 대량 소비했다.

게다가 이 '술 마시기 관광'은 또 하나의 수요와 공급 현상을 낳았다고 한다. 핀란드에서 매춘부들이 대거 몰려와 취객을 상대로 내놓고 '장사'를 시작했던 것이다.

'그리도 갖고픈 외화를 외국년이 움켜쥐는 꼴을 가만히 볼 순 없지'라며 소련 여자 일부도 나서는 바람에, 법률상 개념으로 존재하지 않았던 매춘부가 이렇게 등장했다는 설까지 있다.

한편, 인간이란 공급이 과잉되어 언제든지 얻을 수 있는 것에는 가치를 두지 않는 법이다. 이건 누드 해변에서 발기되는 남자는 없다는 현상만 봐도 알 수 있다.

언젠가 일본의 유력 출판사 중역과 함께 소련에 여행을 간 적이 있다. 그는 전쟁 당시 시베리아에 억류된 적이 있었는데, 편집자 경력을 인정받아 일본인 억류자들이 발행하는 신문의 편집을 맡았다고 한다. 그때 신문에 실린 센류川柳^{5·7·5의 3구 17음으로 된 짧은 시} 가운데 아직도 잊히지 않는 것이 있다고.

'젖가슴이 먼저 보이는 길모퉁이.'

가슴둘레 86센티미터 이하는 아동복에 속하는 러시아 여성의 가슴은, 90센티미터 정도는 글래머라고 법석을 떠는 일본 여성(더구나 전시였으니 영양 상태를 생각하면 지금보다 빈약했음에 틀림없다)에 갖다 대지도 못할 만큼 풍만하다. 이 센류는 그 사실을 처음 발견했을 때 일본인 포로들이 느낀 신선한 놀라움과 기쁨을 전해준다. 에도 시대의 일본 여자는 가슴을 조여매어 될 수 있으면 부풀어 보이지 않도록 애썼다고 한다. 풍만한 가슴이 미의식에 반反했다는 것이 과연 사실이었을지 의구심이 인다. 아무튼 이 문제는 다음으로 미루고, 일본인 포로들이 보여준 감수성은 주목할 만하다.

그런데 곤란한 일이 생겼다. 같이 여행을 간 그 출판사 중역은, 그로서는 센티멘털한 여행일 수 있다 치더라도 러시아인을 새로 사귀게 될 때마다 그 센류를 통역해달라고 조르지는 말았어야 하지 않을까. 러시아인들이 이 시에 흥미를 보일 리 없었다. 내 통역에 문제가 있었던 것은 아니다. 내 입으로 말하기는 쑥스럽지만 나로서는 꽤 잘했다고 생각한다.

잠깐 옆길로 새어보자. 1985년 11월, 고르바초프 소련 공산당 서기장과 레이건 미국 대통령이 처음으로 스위스 제네바에서 회담을 하게 되었을 때, 세계 각국의 매스컴, 특히 일본 매스컴은 온통 야단법석을 떨었다. 각 방송국은 일주일 전부터 경쟁적으로 취재반을 제네바로 보냈고, 회담 날짜가 다가오자 너 나 할 것 없이 미소 정상회담 일색의 기사를 내보내 보도 열기를 더했다. 현지 취재반은 제네바 거리의 시민을 붙잡고는, "레이건 영부인 낸시와 고르바초프 영부인 라이사, 어느 쪽이 좋으신지요?"라며 가십 기사도 저리 가라 싶을, 순진하면서도 바보 같은 질문을 던져 축제 분위기를 띄웠다. 어느 방송국인지는 잊었지만(아마도 NHK였던 것 같지만 지금 와서는 확인할 방법이 없다) 스위스 사람들은 싫은 내색 않고 꽤 착실한 대답을 들려주어 그런대로 볼 만했다. 그중에 눈에 띄는 대답을 한 중년 아저씨가 있었다.

그는 희희낙락한 얼굴로 대답했다. "그야 물으나마나 라이사지. 슬라브계 여자들은 젖가슴이 크걸랑." 이 대답을 들으면서 나는 "아, 어쩌면 러시아 여자들의 큰 가슴은 단지 일본 여자들과 비교해서가 아니라, 국제적으로 인정받은 건지도 몰라"라고 중얼거렸다.

여기서 아까 하던 얘기로 돌아가면, 센류가 러시아인에게 먹히지 않았던 가장 큰 이유는 러시아인에게 가슴이 풍만한 여자가 많고, 따라서 길모퉁이에서 가슴이 먼저 보이는 풍경은 너무나도 일상적이기 때문이다. 큰 가슴을 작게 줄여달라는 미용 성형이 그 반대보다 많은 나라니 오죽하겠는가. 일상을 벗어나는 것이 예술의 중요한 역할이라면 이 센류는 예술성이 없었던 것이다.

이처럼 어느 나라에서는 귀중한 것이 다른 나라에서는 종종 보잘것없어진다. 예를 들어, 일본인이 그리도 먹고 싶어하는 우니*성게알*는 구소련에서는 1톤에 1루블 이하로 불가사리와 같은 값이다. 어떤 문화권에서는 '수영복 입은 여자'를 볼 기회가 그리도 귀하건만 다른 나라에서는 흔해*빠졌고* 그러니 당연히 공짜다. 이 맹점을 꿰어 돈벌이를 하는 경우는 이미 앞에서도 보았다.

수요와 공급의 불균형을 찾아내어, 수요가 있는 곳에 공급을 하면 훌륭한 장사가 된다. 일부러 나열할 필요도 없을 정도로, 아득히 먼 옛날부터 인류는 이 원리를 기반으로 무역을 해왔다.

그중에서도 희한한 것에 착안하는 사람들이 나온다. 다른 문화권에 헤집고 들어가 잠재적인 수요와 공급을 발견하는 인간 정신의 자유로움, 끈질김, 민감함에 놀라움을 금할 수 없다. 미지의 것에 대한 호기심과 더불어 시대와 장소가 바뀔지라도 인간의 본질은 변하지 않는다는, 인류의 보편성에 대한 깊은 신뢰감이 있는 게 아닐까 하는 생각을 떨칠 수가 없다.

말이 먼저냐 개념이 먼저냐

시베리아의 일본인

지난 세계대전에서 일본이 패배했을 때의 일이다. 당시 '만주'로 불리던 중국 동북지역에 배속되었던 일본군은 소련군에 투항해 무장해제되었다. 이 60만 명 이상의 일본인들은 시베리아나 극동지역에 포로로 억류되어 강제노동을 해야만 했다. 스탈린은 자국을 부흥하기 위해 포로의 노동력을 이용하려 했나 보다. 종전 후에도 소련 정부는 일소평화조약이 체결되지 않은 것을 핑계로, 아무리 시간이 지나도 전쟁 포로들을 송환할 생각을 하지 않았다. 마지막 억류자가 모국인 일본 땅을 밟게 된 것은 전후 10년 이상 지난 때였다. 명백히 국제법을 위반하는 처우 속에서 수용소의 열악한 환경은 극에 달했고, 약 10퍼센트의 일본 포로들은 결국 러시아에서 한 줌의 흙이 되고 말았다.

당연한 귀결이지만, 억류되었던 사람들은 소련이라는 나라에 대해 좋은 인상을 가질 리 없다. 물론 수용소 주변에 살고 있던 극히 평범한 서민들이나 공장·공사현장에서 같이 피땀 흘린 사람들과 나눈 따뜻한 교류도 무수히 많았으니, 잔혹하고도 슬픈 일-러 교류사에 그나마 한 줄기 빛이 되고 있긴 하지만.

같은 억류자 출신이지만 보기 드물게도 N은 소련에 신성한 추억과 감사의 마음을 품고 귀국한 사람이다. 그는 스무 살도 채 안 되는 나이에 징병되어 곧장 전쟁터로 보내졌다가 만주에서 패전을 맞아, 침공해온 소련군에게 억류당했다.

최근 학교 내 이지메따돌림. 왕따가 사회문제가 되고 있는데, 일본 구舊 군대 내의 이지메에도 내력이 있다. 이 문제는 전후 일본을 대표하는 명작, 노마 히로시野間宏의 『진공지대眞空地帶』의 주제가 되었을 뿐 아니라, 마쓰모토 세이초松本清張의 작품들에도 그 그림자를 드리우고 있다. 세이초는 전쟁 말기에 징병되어 군대에서 심한 이지메를 당했던 것 같다.

이지메는 일본인의 본성인가 싶어 슬퍼지지만, 군대라는 비인간적인 조직에 따라다니는 현상이기도 한 것 같다. 1990년, 잡지 취재차 만난 '소련병사 어머니회' 회장

나탈리아 코르자코바는 이런 말을 들려주었다.

"9년이나 계속된 아프간 전쟁에서 소련군은 15000명의 전사자를 냈지만, 1985년 시작된 페레스트로이카 이후 겨우 4년 동안 전쟁터가 아닌 막사 안에서 같은 수의 병사가 죽어갔어요. 신참 따돌림, 이민족 출신 간의 집단 린치, 토목 공사장에서 일어난 사고사, …… 소련 군대가 얼마나 비인간적인지 알 만하지요?"

이것은 고르바초프 시대의 일이지만, 사실상 소련이 붕괴된 후, 옐친 시대에 이르러서도 신참에 대한 고참의 처참한 학대는 여전히 계속되었다. 이 사실은 헨미 요辺見庸가 쓴 베스트셀러 『먹어대는 자들』의 「병사들은 왜 죽어갔나」에서 그려진다. 자살자가 꼬리를 물 정도로 이지메 희생자가 많은 일본 학교는 어딘지 군대와 통하는 데가 있는 것 같다.

한편, 눈에 띄게 덩치가 작고 소심했던 N은 입대하자마자 군대 내 사디즘에 딱 걸린 희생양이 되고 말았다. 일본 사회의 이지메 문화가 포로 수용소 생활에도 고스란히 옮겨진 것이다. 그것이 너무나도 처참한 것이었는지, 수용소 소장인 소련인 A는 그대로 두면 사람 잡겠다 싶어 N을 일본인 수용소에서 격리시키기로 했다. 그래서 다른 포로들과 기거를 같이하지 않도록 자기 집에 데려가서 잡일을 시켰다.

N에게는 '지옥에서 부처님을 만난다'는 게 바로 이런 것이었다. 이지메 지옥에서 구해주었으니 감사의 마음은 말로 다 못할 지경이었다. A 소장은 그 무렵 신혼이라 아름다운 부인도 있었다. N은 소장 부부를 지극정성을 다해 모셨다.

N의 헌신적인 태도를 매일 접하면서 그 순박하고 진솔한 사람 됨됨이를 알게 된 A 소장이, '일본이 아무리 침략전쟁을 저질렀다 한들, 이리도 바지런하고 성실한 N에게 책임이 있는 건 아니다. 그는 정말 열심히 일한다. 이런 젊은이에게 죄가 있을 리 없으니 빨리 일본으로 돌려보내 줘야겠다'라는 생각을 하기까지는 얼마 걸리지 않았다.

소장은 N이 귀국할 수 있도록 주선하고 수속해주었을 뿐만 아니라 그가 귀국선을 타고 갈 소련의 동쪽 끝 나홋카 항구까지 나가 배웅했다.

N이 A 소장의 두툼한 손을 몇 번이나 꼭 잡았다가, 또 힘을 주어 잡곤 하는데 목이 메어 말을 잇지 못했다. 부모님을 일찍 여읜 그는 '바로 이런 사람을 아버지 같은 존재라고 하나 보다'라고 그때 깨달았다. 비록 말로 하진 않았으나 일본으로 돌아가면 어떻게든 성공해서 이 은혜를 갚아야겠다고 맹세했다.

나라奈良의 러시아인

귀국한 후, N은 전후의 혼란기 속에서 그야말로 몸이 부서지도록 일해, 입신출세담의 주인공 같은 성공을 거두었다. 오사카 한가운데에 빌딩을 몇 채나 짓고 회사도 여러 개 운영하는 엄청난 자산가가 된 것이다.

성공인의 만족한 생활을 누리면서도 단 하루도 머릿속을 떠나지 않았던 것은 나홋카 항구의 부두에서 언제까지나 지켜보고 서 있던 A 소장의 모습이다. 소장은 N이 탄 배가 수평선 저 멀리 보이지 않을 때까지 그 자리를 떠나지 않고 배웅해주었던 것이다. N은 생명의 은인이라 해도 과언이 아닌 A 소장을 어떻게든 만나서 보답하겠다고 생각해왔다.

그러나 고르바초프가 집권할 때까지 소련의 일반 시민이 개인적인 목적으로는커녕 초대를 받는다 할지라도 외국에 간다는 것은 있을 수 없는 일이었다. 소식만이라도 알고 싶어 A 소장의 이름과 수용소 주소를 단서로 백방으로 수소문해보았지만, A 소장 일가가 어디에 사는지, 무슨 일을 하며 먹고사는지 알 길이 없었다. 게다가 비밀주의에 관료주의라는 철벽이 가로막고 있어 어찌해볼 길이 없었던 것이다.

겨우 고르바초프의 집권으로 페레스트로이카가 시작

되고 나서야, 소련 측이 N의 말에 귀 기울이기 시작했다. N이 거주하던 오사카의 소련 총영사관도 본격적으로 협력하여 겨우 소식을 알게 되었다. 안타깝게도 은인인 수용소 소장은 이미 고인이었다. 하지만 당시 새댁이었던 부인은 아직 무고하시단다. 또 A 소장 부부의 외아들도 일가를 이루어 아이까지 두고 있다고. 이렇게 하여 소장의 부인과 아들 내외, 손자까지 총 네 명을 찾게 된 것이다.

이 네 사람을 당장 일본에 초대해야겠다고 결심한 N은 내가 속해 있던 러시아어통역협회에 의뢰를 했다. 통역은 '무지하게'라는 꼬리표가 붙을 정도로 총명한 미녀에 서글서글하니 사람 좋기로 정평이 난 K 여사가 맡기로 했다. K 여사가 현지로 가서 맨 먼저 놀라 기절할 뻔한 것은 오사카의 어느 지역에 자리한 '소련 궁전'을 봤을 때였다. 현관에서 2층 거실까지 빨간 양탄자가 깔려 있는 굉장한 저택이었다. N이 은인들을 모시려고 일부러 세운 영빈관이라나.

몇이나 되는 도우미에 전용 운전사며 통역사 K 여사까지, 그들이 머무를 3주 동안 수발을 들 수 있도록 대기시키고 있었다. 게다가 준비한 선물도 엄청나 트럭 한 대는 될 성싶었다. 그 내용물도 상상을 초월했다. 도요타의 고급 승용차인 크라운이며, 텔레비전, 비디오, 카메라 등 전후 고도성장을 이룬 부국 일본을 상징하는 듯한 품목들이 즐비하게 서 있었다.

물론 통역료도 넉넉했다. 달라는 대로 주겠다고 했다. 통상적으로 받는 규정 요금으로 충분하다고 했는데도, 어느 날 N은 광고지에 둘둘 만 꾸러미를 억지로 안겨주 었다.

"선생님, 신세 많이 졌습니다. 마음의 표시니, 옷이라도 사 입으세요."

"아뇨, 그런 말씀 안 하셔도 됩니다. 이미 충분히 받았 습니다."

"그런 말 마십시오."

밀고 당기다 할 수 없이 K 여사는 꾸러미를 받아 들었 다. 나중에 방에 가서 끌러보니 빳빳한 새 지폐로 30만 엔이 들어 있었다. 도쿄에는 고용된 경영인이 많지만 간 사이 지방에는 오너가 곧 경영자인 경우가 많다. 그래서 가처분 소득도 격이 다른가 보다.

A 소장 일가는 그 호화찬란한 저택에서 지냈을 뿐만 아니라 일본 각지의 관광 명소도 둘러보게 되었다. 당시 막 완공한 세토 대교나 교토, 나라 같은 고도古都들을 둘 러보았다. 어느 날, 나라 시에 막 들어섰을 때였다.

"아, 그렇지. 요 근처에 제가 경영하는 호텔이 있습니다. 잠시 들러보시겠습니까? 오늘은 거기서 주무셔도 됩니다."

N이 갑작스레 예정을 바꾸어 일행은 그 호텔에 묵기로

했다.

그곳은 다름 아닌 '러브호텔'. 당시 소련에는 아직 그런 곳이 없었다. 사족을 달자면 중국어로는 '색정여관'이다. 홍콩 쪽에 가면 그런 간판이 자주 눈에 띈다. 아무튼 통역사 K 여사는 여기서 망설였다. 러브호텔이란 것이 무엇인지 설명할 수는 있다. 하지만 이 순박한 A 소장 일가에게 그것까지 설명하면 오히려 기분을 상하게 하지나 않을까 걱정이 되었던 것이다. 이것저것 고심하던 끝에 결국 그냥 '호텔'로 두기로 했다.

러브호텔이라곤 하지만, 엄청나게 호화로운 시설이었다. 방 하나를 내장 공사하는 데 4천만 엔이나 투자했으니까. 회전율이 좋으니 밑천을 금방 뽑는단다. 들어가 보니 방마다 실내장식이 달랐다. 르네상스 분위기를 맛볼 수 있도록 꾸며져 있거나, 모던한 분위기의 방 한가운데 요트 모양의 침대가 떡하니 있는 식이었다. 그것을 본 A 소장 일가는 탄성을 지르며 좋아했다. 특히 A의 손자인 꼬마는 좋아서 펄펄 날뛰었다. 침대가 돌아가질 않나 흔들리지를 않나, 천장에는 거울까지 붙어 있었으니.

"와, 굉장한 호텔입니다. 이런 곳은 아마도 일본에만 있을 겁니다. 이거야말로 21세기형 호텔이 아닐까요?"

이렇게 감탄해마지 않았다. 아들 부부는 방마다 다니며 비디오카메라로 찍기 시작했을 정도다.

N은 아무 방이든 마음에 드는 곳을 골라잡아 주무시라고 그날은 손님을 받지 않았다. 노부인과 손자는 팔 벌린 토끼 모양 침대가 있는 옛날이야기풍 방으로 정했다. 아들 부부는 스포츠카 모양 침대가 놓여 카레이스 현장 분위기가 나는 방을 골랐다. 통역사 K 여사는 열대풍 방에 혼자 외롭게 묵었단다.

눈 깜짝할 사이에 3주가 지나 A 소장 일가가 귀국할 날이 다가왔다. 아직 간사이 국제공항이 완성되기 전이라 나리타 공항을 이용해야 했으므로 도쿄에서 2박을 하기로 했다.

도쿄의 번화가인 롯폰기와 도라노몬 중간쯤에 거품경제의 서막처럼 개발된 아크힐즈라는 복합문화상가가 있다. 숙박지는 그 빌딩 한쪽에 있는 ANA 호텔로 정했다. 로비의 천장은 몇 층 높이로 뻥 뚫려 있고 캡슐 모양 엘리베이터가 유리관 속을 위아래로 움직이는 상당히 현대적이고 아름다운 호텔이다. 이 호텔에 발을 들여놓으며 A 부인의 며느리는 이렇게 중얼거렸다.

"흐음, 이건 일본의 보통 호텔인가 보지. 역시 N 씨 호텔과 비교하면 수준이 많이 떨어지네."

순수개념은 존재할까

갑자기 딱딱한 이야기를 꺼내서 죄송하지만, 여기서 통번역론에서 굉장한 논쟁거리가 된 '말이 먼저냐 개념이 먼저냐'라는 문제가 제기된다. 이 논쟁은 언어학, 철학, 커뮤니케이션론의 근본적인 문제이기도 하다.

'러브호텔'이라는 개념이 존재하지 않는 의식에는 '러브호텔'이라는 낱말도 존재하지 않는다. 또한 '러브호텔'이라는 낱말이 존재하지 않는 의식에는 '러브호텔'이라는 개념도 없다.

한편, 마음속에 생기는 감정이나 머릿속에 떠오르는 생각을 말로 표현하기 어려워 답답할 때가 있는 것처럼, 확실히 말에 앞서 어떤 액체 혹은 기체 같은 것이 존재한다는 느낌을 경험할 때가 있다. 말에 앞선 그것이란 이미지일까.

사실 말이 아니라 이미지로 생각을 표현하는 데 뛰어난 재주를 보이는 사람들도 있다. 예를 들어, 만화가나 영화감독, 텔레비전 영상 제작자들이 그렇다. 뛰어난 영상 제작자의 손을 거치면, 보는 사람의 마음속에 보지 않은 영상까지 그려질 때가 있다. 그러나 영상이 말만큼 추상화가 가능할까.

가령, 우메보시^{매실 장아찌}라는 단어는 실로 여러 가지 이미지를 집약하고 있다. 잘 익어 알이 큰 옅은 밤색 매실에서 부터 잘고 설익어 딱딱한 초록색 매실, 거기에 차조기가 듬뿍 들어간 붉은색 매실까지 하면 모든 종류의 우메보시를 망라하는 데다가 쭈글쭈글한 노파마저 연상하게 한다. 하나의 영상이 한순간에 이런 정보를 전달할 수 있을까.

청각장애인의 언어인 수화에 관한 홀륭한 안내서『나는 한 목소리를 보네』^{국내 번역본: 황지선 옮김, 가톨릭출판사, 2004년 출간}에서, 저자인 올리버 색스^{Oliver Sacks}는 수화가 때로는 음성언어보다 뛰어난 추상 능력을 지니고 있다고 지적했다. 시각으로 인지되는 수화는 일종의 이미지라 볼 수도 있지만, 이것은 이미 고도로 기호화된 약속이다. 즉 하나의 언어가 아닐 수 없다. 그림으로서의 이미지는 우뇌로 처리되는 것에 비해 기호로서의 이미지는 좌뇌로 처리된다는 사실도 이를 뒷받침한다.

얼마 전, 텔레비전을 보고 있자니 한 동물원 직원이 시각장애가 있는 어느 초등학교 저학년 아동을 위해 동물 박제를 만들어주었다는 내용이 나왔다. 동물을 보지 못하는 어린이들에게 박제를 만져보며 그 모습을 추측해보라고 배려해준 것이었다. 나는 선천적 시각장애아들의 뛰어난 언어 구사를 보고 깜짝 놀라는 한편 감동했다. 박제의 감촉만으로도 형태나 성질을 참으로 알맞게 표현하고 있었다. 같은 또래의 아이들보다 훨씬 많은 어휘를 구사했고, 그 논리정연함에 혀를 내두를 정도였다.

그 프로그램을 보면서, 선천적 시각장애아의 경우 이미지로 기억하거나 개념을 구체화하는 것은 불가능하지 않을까 하고 생각했었다. 그렇다면 말에 앞서는 '무엇'은 대체 뭐란 말인가.

직업상 늘 러시아어와 일본어 사이를 오가면서 느낀 직감으로 말하자면, 통역이란 어떤 액체 혹은 기체 같은 것을 러시아어라는 그릇에서 일본어라는 그릇으로, 혹은 그 반대로 옮겨놓는 것 같다. 여기서 '그릇'이란 물론 비유로 '말'이다. 러시아어 이외의 동시통역사 동료들도 같은 느낌이라고 늘 말했다. 동시통역사들이 공통적으로 하는 생각을 참으로 명확하게 표현하고 있는 것이 아래 롬브 카토Lomb Kat'o의 말이다. 그는 동시통역사들에게는 우러러볼 만한 선배이자 슈퍼우먼으로 영, 프, 독, 러, 헝가리 등 5개 국어 동시통역사로 활약한 인물이다.

> 너무나도 중요한 사상의 역할은(아아, 전문가들이여. 심리학, 대뇌생리학 및 정신의학을 비속화하는 것을 용서하소서!) 원래 발언된 언어가 본래의 언어에 점착되려는 성질에서 벗어나, 목표로 하는 언어의 어휘적, 형태적, 통사적, 음운적, 문체적 형식을 속히 껴입도록 도와주는 것입니다.
>
> —『나의 외국어 학습법』

롬브 카토는 '사상'이라는 단어를 쓰고 있지만, 어떤 언어로 표현되기 이전에, 어느 언어에도 의존하지 않는 개념이 존재한다는 것을 인정하고 있다.

재미있는 것은, 시행착오를 거쳐 현재 가장 선진적인 번역 시스템으로 주목받고 있는 인터링구아 방식^{한 언어를 여러 가지 말로 동시에 번역하는 방식}의 번역 프로세스 모델이 카토가 경험적·직감적으로 느끼고 있는 언어 전환의 프로세스와 참으로 흡사하다는 점이다. 이 모델 또한 어느 언어에도 존재하지 않는 개념이 존재한다고 인정하는 것이다.

가능한 한, 입력한 문장을 여러 가지 레벨로 분석하여, 맨 마지막에 가서는 어느 언어에도 존재하지 않는 의미(개념)를 설명한다. 그리고 그 설명된 의미로 다른 언어의 문장을 만들려(생성하려)는 것이다. 어떤 언어로 된 문장을 해석하면, 거기서 여러 가지 언어로 된 문장을 생성하는 것도 가능하다. 하지만 지금으로서는 의미나 개념의 해석, 기술, 더구나 그로 인한 문장을 생성하는 과정의 연구가 미흡해 서둘러야 할 과제라고 본다.

—구사나기 유타카, 「기계번역」, 『일본어백과대사전』

과연 이런 액체 혹은 기체 같은, 어느 언어에도 속하지 않는 순수개념이란 것이 존재할까.

앞에서 본 것처럼, 현재 개발 중인 인터링구아 방식의 꿈의 자동번역기는 말 이전에 순수개념이 존재한다는 것을 전제로 한다. 하지만 참으로 갈 길이 멀어 보이니, 다행인지 불행인지 당분간 우리, 즉 인간 통역사와 번역가들이 실직할 일은 없어 보인다. 아니 솔직히 말하자면 아마도 이 개발이 실패할 거라는 묘한 자신감마저 느끼고 있다. 말과 개념은 그리 간단하게 분리될 수 없다는 확신을 뒷받침할 사례가 얼마든지 있기 때문이다. 그중 하나가 앞에서 본 '러브호텔' 이야기다.

다른 사람과 커뮤니케이션 하기 위해 우리가 쓰고 있는 말의 코드와, 머릿속에서 사색하고 정리하기 위한 개념 코드 사이에는 그다지 큰 거리가 없다. 개념이 없는 말은 음, 혹은 음을 표시하는 기호에 불과하다. 미지의 외국어, 또 모국어라 해도 애매모호한 말은 우리에게 그저 음의 나열에 불과하니까. '아마겟돈'이라는 음의 나열을 '최후의 전쟁'이라는 개념으로 파악하게 된 것은 최근의 일이지 않나. 한편, 말이라는 형태가 없는 개념은 다른 사람에게 전달은커녕 나 자신조차 파악하기 힘들 것이다.

따라서 개념과 말이 표리일체며 불가분의 관계임은 자명한 이치라고 말을 맺고 싶다. 한데 앞서 언급한 말이 먼저냐 개념이 먼저냐는 논의는 먼 옛날부터 있었다. 이 논쟁은 '알이 먼저냐 닭이 먼저냐'처럼 끝없이 되풀이되어 마주한 거울 같은 수렁에 빠지고 만다. 군자는 위험한 곳에는 다가가지 말라 했거늘, 더구나 소인인 나는 되도록 멀리하고픈 주제다.

너무나도 가까운 예로 단단한 배설물 하나를 가리키는 말만 보더라도, 대변, 변, 분, 똥, 큰 것, 응가, …… 당장에 이만큼이나 동의어가 떠오른다. 순수개념에서 이러한 미묘한 뉘앙스의 차이는 버려져야 하나. 그렇다면 우리의 사색과 감정은 참으로 메마른 것이 되리라. 아니 순수개념에 이 모든 차이에 대응할 단어가 있긴 있다는 말인가. 백번 양보해서 그렇다 쳐도 한정된 기억용량을 헤프게 쓰게 될 것이다.

아사하라麻原 교주의 독심술

이런저런 생각을 하다 보니 순수개념의 존재를 믿어 의심치 않았던 교단, 옴진리교가 떠올랐다. 언젠가 이 교단이 러시아 방송용으로 제작한 30분짜리 프로그램을 세 개나 볼 기회가 있었다. 교의를 포교하여 신도를 확보하기 위한 강의 시리즈였다. 교토에 있는 텔레비전 방송국에서 의뢰한 일 때문에 보게 되었는데, 꽤나 교묘히 잘 만들어져, 교단의 세력이 러시아까지 금세 확산된 이유를 알 것 같았다. 오컬트와 과학이 절묘하게 섞여 있어, 러시아인들의 신비주의 선호며 과학기술 숭배, 게다가 소련 붕괴 이후의 불안정한 심리상태와 맞물렸던 것이다.

그 강의 시리즈에 따르면 우리같이 죄 많고 평범한 사람들은 각성시 뇌파 형태가 흔들림이 심한 감마나 베타형이라고 한다. 하지만 수행을 할수록 각성시에도 평범한 사람들이 꿈을 꿀 때 나오는 세타파나 꿈을 꾸지 않고 깊은 잠에 빠져 있을 때 나오는 델타파를 유지할 수 있게 된다. 여기까지는 선禪을 깨달은 상태와 같단다. 아사하라 교주 정도로 궁극의 해탈에 이르면 죽은 사람처럼 평탄한 뇌파를 유지할 수 있다고 한다. 이것은 번뇌나 업에서 완전히 해방된 이상적인 뇌의 상태로, 최고의 힘을 발휘하게 된다. 예를 들어, 아사하라 교주는 자신의 의사만으로 물건이나 사람을 마음대로 부릴 수 있고(세상 사람들은 이를 초능력이라 부른다), 독심술까지 가능하다고 한다.

텔레파시 정도는 독심술의 첫걸음에 불과하다고 한다. 아사하라 교주처럼 이상적인 뇌파에 이르면, 말로 표현되기 전에 상대방의 마음속에 생긴 개념을 알아챌 수 있다고 한다. 머리와 마음에 떠오른 느낌과 생각은 말로 나오기 전에 이미 그 사람의 뇌파를 변화시키고 그 변화는 전위電位전기장 내에서 단위 전하가 갖는 위치에너지로 변환되기 때문이다. 따라서 전 세계 어떤 언어를 사용하든, 얼마나 멀리 있는 상대이든 궁극의 해탈에 이른 사람들은 말 없이도 의사소통이 가능하단다. 즉 통역은 필요 없어 진다는 말이다.

그렇다면 어째서 러시아를 방문한 아사하라 교주는 통역을 사이에 두고 러시아인과 말했던 것일까. 상대가 해탈에 이르지 못했으니 아사하라의 말을 러시아인이 알아듣도록 해야겠지. 하지만 러시아인의 말은 일어로 통역하지 않아도 좋지 않은가. 모스크바 대학에서 열린 아사하라의 강연장에서 나온 질문은 어째서 통역해야 했던 것일까.

"제가 교주님께 질문을 통역해드리자, 깜짝 놀랄 일이 벌어졌습니다."

선전 비디오 속에서 갖은 점잔을 빼던 신자가 이렇게 말했다.

"제가 통역한 내용을 이미 알고 계셨다는 거 아닙니까. 아사하라 교주님은 제가 통역을 제대로 하고 있는지 아닌지 확인하려 했을 뿐입니다."

아사하라 교주 바로 밑의 조유上祐가 교주와 전화로 의사소통을 하고 있는 것을 보면, 그는 아직 해탈까지는 이르지 못했나 보다.

최고의 행복상태인 궁극의 해탈에 이르렀는지 여부를 뇌파 형태만 살펴 객관적으로 측정 가능하다는 점과 과

학자 신자들이 많다는 점이 옴진리교가 세상에 알려진 이유란다. 이런 이상적인 뇌파를 유지하기 위해, 입단식과 여러 가지 힘든 수행의 노하우가 있고, 교주와 같은 뇌파를 보내는 전극이 가득 달린 헤드기어가 있으며(하나에 100만 엔이라던가), 각종 음료와 약물도 있다고 한다.

또한 사랑하는 사람끼리의 뇌파는 비슷해진다고 한다. 강의 프로그램은 연애 중인 보통 사람끼리의 뇌파가 점차 서로 닮아가는 과정을 보여주면서, 수행 정도가 낮은 신자가 높은 신자에게 연애감정을 갖게 되면 보통 신자의 뇌파가 고단계 신자의 뇌파와 점차 가까워진다고 했다. 따라서 궁극의 해탈에 이르기 위한 유효한 노하우 중 하나가 가능한 한 해탈에 가까운 사람을 동경하고 사랑하는 것이라고 한다. 조유의 애인 도자와가 조유의 뒤를 좇아 입교한 후 금세 마음의 위안처를 아사하라 교주로 바꾼 이유를 알 것도 같다.

그렇다면, 대변, 변, 분, 똥, 큰 것, 응가, …… 이런 미묘한 뉘앙스의 차이도 뇌파에 드러날까? 그런 개념이나 번뇌에 흔들리는 것은 악업(카르마)에서 해방되지 못해서일까.

말이
지닌 주술적인 힘

도쿄의 후쿠시마福島인

"진짜 진짜 용서 못해. 지금 생각해도 치가 떨려."

내 친구 영어통역사 S는 분하다는 듯이 얼굴을 찡그렸다.

1994년도 다 저물어갈 무렵, 슈퍼마켓 입구에 쌓아둔 모듬 산나물 봉지를 본 S는 라벨에 판매원 주소가 후쿠시마 현이라 쓰여 있는 것을 확인했다.

"맞아. 후쿠시마 현이면 산나물로 유명한 곳이지."

멋대로 상상의 나래를 펴곤 절로 마음이 부풀었다.

"좋아. 오늘 저녁은 산나물 메밀국수다!"라며 당장 샀다.

S의 가족은 모두 메밀국수를 즐기고 산나물도 좋아하다 보니 예상대로 대호평이었다. 다만 집에 늦게 돌아오는 장남 몫은 따로 남겨두었다.

이윽고 집에 돌아온 장남에게 주려고 메밀을 끓이고

육수를 데운 다음 나머지 나물을 비닐봉지에서 꺼냈다. 순간, S는 비명을 지르며 들고 있던 젓가락과 봉지를 내팽개치고 말았다. 빤질빤질하고 새까만 잠두콩만 한 덩어리는 의심의 여지 없이 바퀴벌레의 몸통이었다. 있어야 할 다리는 보이지 않았으니 이미 누군가의 배 속에 들어간 게 틀림없었다. '욱' 하고 위 속에 든 것이 올라왔다.

겨우 안정을 되찾고 나니, 이번엔 속에서 울컥 분노가 치밀었다. 현모양처인 S는 남편과 아이들을 불편하게 해선 안 될 것 같아 혼자서 분노를 삭이려 해봤지만 생각할수록 울화가 치밀었다. 밤새도록 한숨도 못 자고 있다가 다음 날 아침 가족들을 회사와 학교로 보낸 다음, 마침내 봉지에 나온 주소로 전화를 걸어 분통을 터뜨렸다.

"아, 사모님. 증거품은 잘 놔뒀지요? 바퀴벌레하고 봉지 말입니다. 아, 있어요? 그럼 잘 놔두십쇼. 지금 그리로 가겠습니다."

후쿠시마 사투리를 쓰는 수화기 건너편의 반응은 생각보다 빨랐다. 이런 고충을 미리 예상이라도 한 것 같았다고 나중에 S는 말했다.

그로부터 두 시간도 채 안 되어, 집 근처에서 차 멈추는 소리가 들렸다. 창밖을 내다보니 호화로운 외제 차에서, 쉰 정도 돼 보이는 쥐색 작업복 차림의 덩치 큰 남자가 내려서고 있었다.

"흠, 외제 차에 작업복이라."

의외의 모양새라 묘한 느낌으로 보고 있는데 현관 벨이
울렸다.

"좋아, 전투 개시!"

오랜만에 의기양양해서 문을 열었다.

"아이고, 사모님! 이거 죄송해서 어떡하지요? 얼마나 기
분 상하셨습니까. 징그러웠지요?"

이쪽에서 뭐라 말할 틈도 주지 않고 그릇 깨질 만큼 큰
소리를 질러댄다.

상대가 깔끔하고 검소한 양복에 넥타이를 매고 정석대
로 과자세트라도 들고 저자세로 왔으면, 준비한 말로 닦
아세웠을 텐데, 완전히 허를 찔렸다.

"이거, 보시는 대롭니다"라며 작업복은 꾸벅한다. 동료
동시통역사 중에서도 머리 회전과 말발에 있어서 타의
추종을 불허하는 S건만 할 말을 잃고 멍하니 서 있었다.
그 틈을 타서 작업복은 계속 말했다.

"그런데 사모님. 놀랄 것도 없습니다. 산나물이 중국에
서 드럼통으로 들어오거든요. 일본의 주고쿠中國 지방이
아니라, 대륙 중국 말입니다. 드럼통이 도착하면 우선 컨
베이어 벨트에다 꽉 엎어버립니다. 그다음엔 무지하게 센
자석을 갖다 대지요. 왜 그러는지 아십니까?"

완전히 작업복 페이스에 말렸다. S는 저도 모르게 고개

를 절레절레 흔들었다. 작업복은 대단한 일인 양 잠시 뜸을 들이더니 말을 이었다.

"못이나 깡통 뚜껑, 녹슨 공구, 이런 거 있지요. 자잘한 고철 쓰레기 말입니다. 그런 게 산더미같이 자석에 붙거든요. 그다음엔 어떻게 하는지 아십니까?"

S는 또 그쪽 의도대로 설레설레 고개를 저었다. 작업복 아저씨는 잠시 틈을 두었다가 작은 눈을 반짝이며 말했다.

"그다음엔 강력한 선풍기를 돌리지요. 그렇게 하면, 엄청납니다. 머리칼에, 지푸라기에, 그래서……."

귀를 의심할 말에 S는 분노마저 잊고 호기심의 화신이 되어 듣고 있었다.

"그다음은 알바 아줌마들 차례지요. 아줌마들 눈과 손으로 고르는 겁니다. 그래도 또 나오지요. 팔랑팔랑한 거, 미끈미끈한 거……. 바퀴벌레는 그나마 나은 편이죠, 사모님. 미끈거리는 거, 싫으시죠?"

"뭐, 그렇긴 하죠."

분개하면서도 수긍해버리는 S.

"그러니까, 바퀴벌레가 나온다 해서 하나도 이상할 게 없는 겁니다. 그러니 좀 봐주세요. 참, 그 바퀴벌레하고 비닐봉지, 잘 놔뒀지요?"

"예……."

둔탁한 목소리의 작업복 아저씨는, 어쩐지 순순해진 S

가 내미는 증거품을 낚아채듯 받아들었다. 그러고는 "사모님, 진짜로 죄송해서 어떡하지요? 이거 용서를 구하는 뜻에서……"라며 씩 웃더니 포장지에 싼 것을 신발장 위에 두고는 현관 저편으로 휙 사라져버렸다.

"잠깐, 잠깐만 기다리세요……."

정신을 차리고 뒤따라 나갔지만, 외제 차는 요란한 엔진 소리를 내며 떠난 뒤였다.

"혹시, 이거……."

불길한 예감에 신발장 위의 꾸러미를 뜯어보니, 역시나 모듬 산나물 봉지였다.

"그 얘길 듣고 먹을 수가 있어야지. 그래서 판매원에게 곧바로 되돌려줬어."

"요금은 수신자 부담으로?"

"앗! 아니 이쪽 부담."

S의 얼굴이 파랗게 질렸다.

"아유, 난 왜 이렇게 바보지? 억울해! 아유 억울해라!"

흥분하던 S는 결국 기염을 토했다.

"좋아, 두고 보라지. 내가 증인이 돼서 만나는 사람마다 '판매원: 후쿠시마 현'인 모듬 산나물을 '선전'해줄 거니까."

이 이야기를 듣고 나서는 메밀국수를 먹으러 가도 산

나물 메밀국수만은 먹고 싶은 마음이 일지 않았다.

요전에 도쿄 근교로 드라이브 갔을 때, 국도 길가에 '산 나물 메밀'이라고 적힌 큼직한 간판이 걸려 있는 게 눈에 띄었다. 미심쩍은 데가 있어 가게 뒤로 돌아가보니, 역시나였다. 들은 대로 녹슨 드럼통이 비닐 시트에 덮인 채 내버려져 있었던 것이다. 가게는 손님들로 북적대고 있었다. 모르는 게 약이지. 손님들은 맛있다는 듯이 산나물 메밀국수를 후루룩거리고 있었다.

말은 보수적이다

그 뒤로 나도 S를 거들게 되었다. 하지만 이 이야기를 꺼낸 것은 그 때문만은 아니다.

생각해보면 '판매원: 후쿠시마 현'은 결코 허위 사실이 아니다. 구입한 쪽이 제멋대로 '생산지: 후쿠시마 현'으로 생각해버린 것이다. 그동안 여러 번 겪은 경험으로, 의식 속에 일종의 패턴이 형성됐기 때문이다. 벨 소리가 울리면 먹이를 계속 먹은 개는, 먹이 없이 벨만 울려도 저절로 군침을 흘리게 된다는 파블로프의 조건반사 같은 것이다. 우메보시의 신맛을 맛본 사람들이, 우메보시란 말만 들어도 입안에 침이 고이는 것과 마찬가지다.

생산지와 판매원은 근접해 있을 거라는, 선조 대대로 축적된 경험 탓에 많은 소비자들이 S와 마찬가지로 오해를 하고 있다. 판매원 입장에서는 참으로 고마운 일이겠지만.

판매원은 후쿠시마라 해도 산지는 아프리카, 중국, 오스트레일리아 등등 참으로 여러 곳일 수 있음에도 불구하고 의식은 습관화된 자동반응장치에 따라 그런 가능성을 모조리 배제해버린다. 산업공동화현상까지는 고려하지 못한 것이다.

이렇게 잘난 척하며 말하는 나 또한 전에 미야기 현의 마쓰시마에서 선물용 해룡 열쇠고리를 잔뜩 사 들고 집에 돌아와 설명서를 읽고는 억울했던 경험이 있다. 제조원 주소에 도쿄라고 '친절하게' 쓰여 있었던 것이다. 하지만 해변 관광지에서 해룡 기념품을 팔면, 손님들은 대개 그것이 산지에서 만들어졌을 거라고 자동적으로 생각하게 된다. 판매자들도 그러한 계산을 하고 파는 게 확실하다. 적어도 내가 그런 미끼에 딱 걸려든 관광객 중의 하나였던 것이다. 최근에는 벨기에에서 사 온 선물이 귀국한 후에 보니 대만제였다는 것을 알고 결국 선물하지 못했던 경험도 있다.

이렇게 조금만 방심하면 의식이란 물건은, 그것도 나이가 들수록 더욱, 저도 모르게 익숙해진 가능성을 택하고 미지의 가능성은 제쳐놓는 경향이 있다. 이렇듯 인간 의식의 보수성이 더욱 현저하게 나타나는 영역이 '말' 아닐까.

말이란 그 자체가 이미 보수적인 숙명을 띤 존재다. 우리가 과거뿐 아니라 현재와 미래에 대해 말할 때 쓰는 낱말은, 그 어휘도 문체도 문법도 머나먼 과거에 만들어진 것이다. 그러니 사물에 이름을 붙이는 시점에 있던 언어 공동체의 가치관을 싫든 좋든 받아들이게 된다.

영어나 프랑스어에서 여성을 나타내는 말은 미혼, 기혼에 따라 나뉘어 있지만(Miss/Mrs., Mademoiselle/Madame), 남성을 나타낼 때는 그런 것을 따지지 않는다(Mister, Monsieur). 일본어에는 그런 관습이 없지만, 옛날에는 남편 있는 여성의 치아를 검게 칠하는 풍습이 있었으니 언어로 기호화하지 않아도 괜찮았던 것일까. 치아를 검게 칠하는 풍습은 벌써 없어졌지만 Miss/Mrs., Mademoiselle/Madame이라고 나눠 말하는 습관은 70년대에서 80년대에 거셌던 여성해방운동에도 꿋꿋이 살아남아 아직도 언어 습관에 남아 있다. 결국 미즈Ms.는 보급되지 못했던 것이다.

일본어에는 학문이나 예술에 관한 직업을 나타내는 말에 아직도 '여류'가 따라다닌다. 여성 작가, 화가, 시인 들이 잇따라 등장하여 활약하고 '남녀고용기회평등법'이 국회를 통과한 지 10년이 넘은 지금까지도 그렇다.

이렇듯 말의 보수적인 성격에 대해, 가끔 일부 단체나 개인이 참다 못해 히스테릭한 반응을 보일 때가 있다.

"아니, 그런 말투는 틀렸어요. 이렇게 써야 정확한 거죠" 등등.

이런 고압적인 태도에 위세가 꺾인 행정 당국은, "아이고, 예, 그렇고말고요"라며 찬동해서는 곧바로 '바른 말' 보급에 전력한다. 하지만 '틀린 말'을 고치는 데 자원과 인력을 투입해본들 절대다수가 결국 헛수고로 돌아가고 만다.

소련 붕괴 전후, 루블화의 신용이 땅에 떨어지자 택시 같은 데서는 말보로 담배가 화폐로 통용되었다. 15분 이내는 말보로 한 갑, 한 시간 대절하면 세 갑이었다. 운전사가 담배를 피우든 말든, 화폐이니 그건 관계없다. 아마도 배후에는 말보로로 상품교환을 할 수 있는 시장이 형성되어 있었나 보다. 그러니, 던힐 담배로는 안 된다, 같은 말보로라 해도 박하향이 든 멘톨 담배는 안 된다 등으로 말할 수 있었던 것이다.

말은 통화와 마찬가지로, 사회의 대다수에게 통용됨으로써 존재 가치를 가진다. 아무리 문법적으로 흠잡을 데가 없다 해도, 아무리 사회적 공정성이란 관점에서 완전무결하다 해도, 아무리 위정자가 권력을 휘두르며 강제하려 해도, 아무리 위대한 학자가 권위를 내세우고 그 표현의 타당성을 소리 높여 주장한다 해도, 사람들이 쓰지 않으면 말로 정착되지 않는다. 이런 점에서 보면 기막힐 정도로 단순명쾌하게 민주주의적이다.

아무튼 그런 속성 때문에 어느 언어에든 실러캔스^{coelacanth,}
<small>멸종된 것으로 알려졌으나 이후 발견되어 '살아 있는 화석'이라 불리는 물고기</small> 같은 '보수적'인 말이 끈질기게 남아 없어지지 않고 있다.

게다가 말에는 먼 과거부터 현재에 이르는 동안 그 말을 쓰는 언어공동체에 의해 축적된 갖가지 이미지나 관념도 들어 있다. 따라서 우리가 말을 듣고 이해할 때, 의식에는 그 말이 표현하려는 개념이나 이미지까지 함께 환기되며, 점차 그것들에 익숙해지는 것이다.

한편, 경찰이 종교 단체 앞에 얼마나 겁쟁이였는지 기억에 새롭다. '사카모토 변호사 일가 납치 사건' '마쓰모토 사린 독가스 사건' '메구로 공증소 사무장 납치 사건' '지하철 사린 독가스 사건' 등을 보면, 상황증거가 새까맣게 많은데도 '종교 탄압'이라는 한마디가 두려워 세계 굴지의 일본 경찰이 손발이 다 묶여버렸다. 조사 대상이 종교 활동이 아니라 그 어떤 법인이나 개인에게도 용서받지 못할 범죄 행위임에도 불구하고, '종교 탄압'이라는 한마디에 마법에 걸린 듯 본질이 기막히게 가려졌다.

앞선 세계대전에서, 정부 당국은 국가신도^{國家神道}<small>일본 정부
의 황국사관적 정책으로 성립된 국가종교</small>를 전쟁의 기본적인 이데올로기

로 절대화하며 다른 종교를 점차 탄압했다. 그러한 사상 통제가 있었기에 국민들을 일본과 아시아 여러 나라에 전에 없는 파괴와 참화를 가져온 어리석은 전쟁으로 몰고 갈 수 있었던 것이다. 그 쓰라린 경험과 그에 대한 반성이 그 후 헌법에서 '사상, 신조, 신앙의 자유'의 배경이 된 것은 이미 알고 있는 바다.

'종교 탄압'이라는 말을 듣는 순간, 국가신도와 섞일 수 없었던 오모토교신도와 결합되어 토착화한 일본의 새로운 불교 분파를 비롯, 수많은 종교에 대한 용서받지 못할 잔혹한 탄압과 그에 따른 암흑시대가 연상되었기에, 매스컴도 경찰도 눈이 흐려졌던 것이다.

그 어리석은 전쟁 무렵, 국가신도를 둘러싼 또 하나의 심각한 교훈은 정교 일치의 폐해다. 정치나 정책의 좋고 나쁨을 이성적으로 판단하는 게 아니라 교주의 한마디를 그대로 법률로 받아들이는 신도 집단은, 생각해보면 실로 손쉽게 동원 가능한 표밭이다. 따라서 종교 단체는 정치 권력에도 정치에도 발을 들여놓아서는 안 된다. 이것은 인류가 많은 시련 끝에 얻어낸 지혜 중 하나다.

국가를 표방한 옴진리교 사건에서, 정교 일치가 소름 끼칠 만큼 두려운 것이라는 것을 다시 한 번 확인할 수 있었다. 하지만 많은 정당들이 종교 단체에 안이한 몰표를 기대하는 상황에서, 진짜 '정교 분리'는 종교법인법의 근본적인 개정과 마찬가지로 이루기 힘든 꿈인지도 모르겠다.

이름이 지닌 주술적인 힘

'이름이 몸을 이룬다'는 말이 있다. '이름값도 못한다'는 말도 있다. 이런 구절의 바탕에는, 이름이 인간의 본질을 이룬다는 생각이 깔려 있는 것이리라.

마나부, 미노루, 사토루, 미치코, 유코 등 사람 이름에는 부모의 간절한 기대와 희망이 들어 있고, 부침이 심한 연예인은 행운을 찾아 예명을 바꾸기도 한다. 물론 마나부學 군은 하나도 배우려 하지 않고, 미노루稔 군은 결실을 맺지 못하고, 사토루悟 군은 깨닫지 못하고, 미치코美智子는 아름답지도 지혜롭지도 못하고 유코優子는 짓궂기 짝이 없을 수 있다. 그래도 그 옛날에는 성명판단성명을 분석하여 운명과 길흉 따위를 점치는 일이 학문의 하나로 대접받던 때도 있었다. 아니, 지금도 성명판단술이 밥벌이가 될 정도로 이름이 한 사람의 운명이나 성격에 끼치는 영향력은 우습게 볼 게 아니라고 여겨진다.

사실 이런 생각을 무시할 수는 없다. 대다수 사람들은 이 세상에 태어나 자아를 형성할 무렵까지, 즉 가장 흡수력이 왕성한 시기에 이름을 수도 없이 불린다. 따라서 이름은 의식에 모종의 암시를 가져다주고, 반발을 포함한 어떤 반응을 불러일으키는 것이 아닐까. 그리고 이것이 사람의 성격이나 행동양식에 일정한 작용을 하는 것은 아닐까.

이름이 지닌 구속력이 인간에게만 해당하는 것은 아니다. 걸프전 때, 헌법에 발이 묶인 일본은 악의 상징이 된 사담 후세인이 이끄는 이라크를 정벌하려는 다국적군에 가세할 수 없었다. 그 떨떠름함을 떨치기 위해 일본 국민은 '국제 공헌'이라는 미명 아래 선진국 중에서도 최대의 거출금을 내야 했다. 하지만 사태의 본질을 생각할수록 '유엔=절대정의, 이라크=절대악'이라는 단순한 도식으로 도저히 나눌 수 없다는 것을 지금에야 많은 사람들이 눈치 채고 있다. 이라크가 사용한 무기의 90퍼센트 이상이 유엔 안전보장이사회의 상임이사국인 미국, 소련, 프랑스, 영국, 중국에서 수입해온 것이라는 사실 하나만으로도 명백하다. 그러나 '국제 공헌'이라는 미명은 사태의 본질을 흐려놓았다.

같은 차원에서, 얼마 전 매스컴과 정계를 휩쓴 '정치 개혁' 또한 듣기 좋은 슬로건이라 볼 수 있다. 정계를 정화하고 정치 프로세스를 투명하게 하라는 국민의 바람을 역으로 이용하여 선거제도 개정을 무력화해버린 것이다. 겨우 20퍼센트의 득표로 80퍼센트의 의석을 차지할 수 있는 소선거구제^{한 선거구에서 한 명의 의원을 선출하는 선거구 제도}가 도입되면, 사표死票가 급증해 소수당의 존립이 어려워진다. 소선거구제의 다른 이름은 절대다수대표제^{총 유효득표수의 반수 이상을 득표한 후보자만 당선자로 인정하는 방법}이다. 다수파를 위한 선거제도인 것이다. 민주주의의 관점에서 보면 분명한 후퇴다. 마이너리티의 정치적 발언을 막는 것은 엄청나게 위험한 짓이다. 소선거구제 아래 양당제가 오랫동안 계속된 미국에서, 분출구를 잃은 마이너리티의 절망적인 불만이 LA 폭동사건처럼 파괴적으로 표출된 것만 봐도 알 수 있다.

요즘, 일본 매스컴이며 여론이 온통 꿈에 빠져 있는 것이 '핵확산 금지조약'이다. 지금은 북한 하나만 '나쁜 놈'이 되어 있지만 생각하면 생각할수록 이상한 이야기다.

확실히 북한은 국가라는 이름을 달고 있으면서도 폐쇄적인 신흥종교집단 같은 참으로 이질적인 나라다. 무슨 짓을 할지 모르는, 즉 '파악하기 어려운' 나라다.

그러나 북한 원자로에서 핵무기로 전용 가능한 핵물질이 제조 가능한가 아닌가, 국제원자력기구의 사찰을 받을 것인가 말 것인가로 난리를 피우지만 한국에는 오래전부터 미군의 핵무기가 배치되어 있다. 일본 또한 '핵무기를 제조, 보유, 반입하지 않는다'는 '비핵 3원칙'을 정책으로 삼고 있지만, 이미 미군기지에 핵무기가 들어와 있다는 소문이 끈질기게 나돌고 있다. 이에 대해 미국은 '군사 기밀'이라는 이름으로 예스도 노도 아닌 미지근한 태도를 보이고 있다. 아무래도 '비무장'은 픽션이고 미국의 핵우산 아래 있는 국가들의 '비핵'은 위선의 표본이 아닐까 싶다. 프랑스의 핵실험에 대한 일본 정부의 애매한 태도만 봐도 알 만하지 않은가.

게다가 일본 매스컴이나 여론은 인류 역사상 핵무기로 다른 나라를 공격한 나라는 미국밖에 없다는 것을 어찌 그리 금방 잊어버린단 말인가. 히로시마, 나가사키, 비키니에서 세 번이나 지옥의 고통을 맛봤으면서도 질리지도 않고 미국을 추종하고 있다. 북한 원자로에 대해서는 염려하면서도 어째서 어떤 보도기관도 국제원자력기구의 핵사찰이 핵보유 5개국(유엔 안보리 상임이사국이기도 하지만)에는 결코 시행되지 않는 비합리와 불공평을 문제 삼지 않는 것일까. '핵확산 금지조약'도 그렇다. 어째서 매스컴은 핵보유 5개국의 핵군축에는 손도 대지 않고, 아니 핵개발이나 핵실험마저 그대로 둔 채, 다른 국가들에만 핵을 금지하는 조약을 보고만 있을까. 몰라서 그렇다면 바보요, 알면서도 모르는 척하는 거라면 무슨 이권이 개입된 것은 아닐까. 혹은 너무 위험해서일까. 아무튼, 성실하지 못하거나 겁쟁이거나 둘 중 하나다.

그건 그렇고, 유고의 '나쁜 놈'인 세르비아 세력과 그 배후로 지목된 신유고연방에 대해 국제사회는 수출금지 조치로 석유 수출까지 묶어놓았다. 그에 비해, 프랑스의 잇단 핵실험에 대해서는 와인이나 향수 불매운동 정도(이것도 안 하는 것보다는 낫지만)로 얼버무리고 있는 데는, 와, 정말 열불난다.

우리는 답답하고 애매한 속내를 '슬프다'거나 '속상하다'거나 하는 말로 표현함으로써, 자기 감정에 거리를 두고 객관적으로 볼 기회를 갖는다. 아무리 복잡기괴한 현상도 우리는 말이나 이미지나 수식 같은 기호로 파악하려 한다. 사고나 감정도 말의 도움을 받아야 더 깊고 또 상세하게 전개할 수 있다.

하지만 사고에 있어서 뺄 수 없는 말이란 것이, 반대로 사고를 막거나 잘못 이끌어갈 수도 있는 아주 고약한 것이란 사실 또한 명심할 필요가 있다.

인류 공통의 언어유희

교토의 베트남인

캄보디아의 폴 포트파 학살 현장의 산증인들이 몇이나 입을 모아 말했다.

"미녀들은 베트남인임에 틀림없다고 의심받아 모조리 끌려가 참살당했다."

확실히 베트남 여자들은 미인으로 정평이 나 있다. 같은 황인종이라도 몽골이나 한반도 계통의 골상은 안구가 원형인 데 비해 베트남인은 네모꼴이다. 즉, 얼굴 면적에 비해 눈이 크다.

게다가 아오자이는 세계 각국의 민족의상 중에서도 여성의 매력을 최대한 돋보이게 한다는 점에서 걸작 중의 걸작이 아닐까. 상반신의 신체 곡선을 강조해주는 점은 차이나드레스와 같지만, 하반신까지도 찰싹 달라붙는 차이 나드레스와 달리 치마폭이 팔랑팔랑하게 여유가 있다. 아담하고 홀쭉한 체구의 베트남 여자들이 입으면 이걸 두고 선녀라 하나 싶을 정도로 탄성이 절로 나온다. 유연함, 경쾌함, 부드러움이 절묘하게 조화되어 있으니 남자가 아니더라도 홀딱 반할 정도다.

그런 베트남 여성이, 더구나 꽃다운 절세미녀들이 30명 남짓 함께 일본에 온 적이 있다. 베트남 민족무용단이 한 달 이상 일본 각지를 돌며 공연을 하게 되었던 것이다.

가무단을 초빙한 흥행회사에서 파견되어 이들을 수행하게 된 S 군은 아직 20대 독신이었으니, 매일매일 신이 나 죽을 지경이었다. 미녀들 사이에서 지내면서 월급까지 받으니 꿈만 같았을 것이다.

그러던 어느 날, S 군은 손짓 발짓에 웃음으로 의사소통하는 것만으로는 성에 차지 않아 뭔가 말하고 싶어졌다. 그는 동행한 베트남 통역사에게 간단한 말부터 가르쳐달라고 졸랐다. '안녕', '고맙습니다' 같은 최소한의 인사말은 이제 어느 정도 술술 나오게 되었다.

"안녕" 하고 베트남 말로 인사하면 미녀들은 하얀 이를 드러내며 "안녕" 하고 받아주었다. 이쯤 되니 S 군도 욕심이 생겼다.

"더 가르쳐줘요." 통역사를 졸졸 따라다니며 졸라대기 시작했다. 할 수 없이 통역사는 베트남어 단어의 구조적

특징을 설명해주었다.

베트남어에는 유類관사라는 것이 있다. 예를 들어, 나무를 나타내는 단어에는 반드시 그 앞에 나무를 이르는 '카이'라는 관사를 붙인다. 그다음에 나무를 나타내는 명칭을 말한다. 가령, 버드나무는 '카이료'인데, 여기서 '료'는 버드나무라는 수목의 종류를 의미하는 단어다. 마찬가지로 모든 조류를 말할 때는 '침'이라는 유관사가 붙는다. 참새는 침세에, 꾀꼬리는 침와인, 비둘기는 침보코 등등.

S군은 흠흠 하고 끄덕이며 열심히 메모했다.

하루는, 교토에 머무르던 무용단 일행이 공연이 없는 날 시내 관광을 하게 되었다. 바야흐로 신록이 눈부신 5월. 헤이안平安 신궁 앞 광장에 도착한 화려한 아오자이 무리를 향해 때마침 비둘기 떼가 날아왔다. 그림처럼 아름다운 광경이었다.

S군은 지금이야말로 적절한 때라고 여기고는 미녀들을 향해서 소리치며 다가갔다.

"침보코, 침보코."

미녀들도 즐거운 듯이 이에 응해서 환성을 질렀다. 마치 방울종 가게 앞에 전시해놓은 서로 다른 음색의 방울종들이 일제히 바람에 흔들리며 울려퍼지는 것 같았다.

"와, 침보코, 침보코, 침보코……." '침보코'는 일본어로 남자 성기를 뜻하는 속어로, 우리말의 '거시기' 정도에 해당한다.

하반신에 관한 말장난들

펀pun, 동음이의어를 이용한 언어유희이 나오면 통역은 두 손 들어야 한다. 원어 발음을 이용한 말장난은 통역하는 순간 그 재미를 잃게 되니까. 이것은 자명한 이치다. 번역의 경우, 시간 여유가 있을 때는 다소 귀찮더라도 의역한 후에 동음이의어를 몽땅 찾아 말장난이 될 만한 비슷한 번역어를 찾아볼 수도 있다. 문학작품의 번역가들은 그렇게들 한다고 들었다. 하지만 동시통역은 말할 것도 없고, 발언자의 말에 이어서 바로 통역해야 하는 순차통역의 경우에도 이 방법은 시간상 무리가 있다. 이렇게 말하면 그야 당연하지 싶을 테지만, "스웨덴 안 먹으면 네덜란드의 창피"('차린 상 안 먹으면 남자의 창피'를 변형한 말장난)라거나 "마오쩌둥 사상은 속만 빼면 망상" 같은 말을 외국인 앞에서 해놓고 혼자 시시덕거리는 발언자는 수도 없이 많다. 혼자 즐거워하는 거야 무슨 탓을 하랴만 통역을 하라고 재촉한다. 물론 어찌 해보려고 애를 써도 통역 불가능하니 외국인에게는 통하지 않는다. 할 수 없이, "지금 말씀하신 내용은 언어유희라 통역 불가능합니다. 죄송합니다만, 분위기를 띄우는 차원에서 함께 웃어주십시오"라며 얼버무리는 수밖에. 이런 발언자는 통역사들에게 진짜 천적이다.

단일 언어에서만 통용되는 말장난은 통역사를 울리지만, 외국어에도 통용되는 익살은 대화의 윤활유 역할을 해주고 인간관계를 친밀하게 하니 희한한 일이다.

러시아 노동조합 대표단이 처음으로 센다이仙台를 방문했을 때의 일이다. 첫 대면이라 일-러 쌍방 모두 잔뜩 긴장한 탓에 대화는 엉망이었다. 그때 함께 수행하던 러시아인 일본어 통역사가, "센다이는 러시아에 가까워서 그런지 말도 비슷한 것 같아요. 러시아에서 yes는 '다―'인데요, 여러분도 yes라는 뜻으로 '은다―'일본 동북지역 사투리라고 말하시네요"라고 해서 폭소를 자아내 경직돼 있던 분위기를 한순간에 녹여버렸다.

레닌그라드 필하모닉이라면 많은 클래식 팬들에게 신과 같은 존재다. 그런 레닌그라드 필하모닉의 쟁쟁한 멤버들이 일본 오케스트라 단원들과의 친선교류 모임 때, 일본 측이 부른 민요를 듣고 의자에서 굴러떨어질 듯 웃은 적이 있다. "왜 그렇게 포복절도를 했는지 아직도 모르겠어요"라며 갸우뚱하는 일본 단원의 말을 듣다 보니 짚이는 데가 있었다.

"혹시 그 민요 가사 속에, '호이호이'라는 장단이 들어가 있지 않았나요?"

"그걸 어떻게 아세요?" 그가 깜짝 놀라는 눈치다. 사실 '호이'는 남근을 의미하는 러시아 속어와 발음이 꽤 비슷하다. 이것으로 장단으로 맞추며 엄숙한 얼굴로 노래를 불렀으니 당연히 우스웠겠지.

실제로는 '호이'와 '후이' 중간쯤 되는 발음으로, 형용사형은 '후요뷔'다. 이 말에는 원래 뜻 외에, '아무런 도움도 안 되는, 어찌 해볼 수 없는, 최저의'라는 뜻도 있다.

이 때문에 번번이 곤란할 때가 있다. 대부분의 일본 호텔에는 '후요美蓉'라 이름 붙여진 홀이 회의나 리셉션용으로 자주 쓰인다. 이것을 그대로 통역하면 완전히 후요뷔와 소리가 똑같으니, 괜한 오해를 피하려면 갖은 애를 써야 한다.

"다음 회장은 '고추실(혹은 최저실)'입니다. 이동해주세요"라고 받아들여진다면 아무리 우연의 일치일 뿐 통역 탓이 아니라 해도 꺼려지지 않을 수가 있겠나.

식탁에서의 통역도 방심은 금물. 위험한 것이 많고 많다. 일본인이 즐겨 마시는 맥주 중에 '에비스'는 러시아어로 'Fuck의 명령형'에 해당하니 러시아인으로서는 난데없는 농담이 갑자기 날아왔다고 느낄 수밖에 없다. 하지만 음운의 우연한 일치가 다행히 분위기를 무르익게 하는 데 도움이 될 때도 많다.

한번은 이탈리아로 요리 유학을 가 있던 여동생이, "일본에서 육수는 뭘로 만들죠?"라는 질문에 "가쓰오^{가다랑어}라는 말린 생선으로 내죠"라고 답했다. 그 순간, 일동은 희한한 표정을 지으며 한참 동안 침묵하더니 갑자기 풋, 하고는 주저앉을 정도로 웃어댔다고 한다. '가쓰오'가 남근을 이르는 이탈리아어와 많이 비슷하기 때문이었다. 아마도 이탈리아어 통역사들도 회의 중에 일본 측 발화자 이름에 '가쓰오'가 들릴 때면 식은땀을 흘렸으리라.

그 옛날 프라하의 소비에트 학교에 다니던 소녀 시절, 오랜만에 들어온 일본 영화를 볼 기회가 있었다. 제목은 잊어버렸지만, 그 영화에서 주인공 소년이 어머니를 '가카아'라 부를 때마다, 일대는 웃음바다가 되었고 난 몸 둘 바를 몰랐다. 아마도 어린 마음에 애국심이랄까 민족적인 자긍심을 인식한 첫 번째 경험이 아닐까 싶다. 그 '가카아'는 러시아 말로 '똥'.

이렇게 별 볼 일 없는 얘기만 꺼내서 죄송하지만, 우리의 우연한 음운의 일치를 이루는 언어에는, 신기하게도 하반신에 관한 것이 많다. 이렇게 생각하는 것이 내 개인의 소양 탓이라고 오랫동안 생각했었다. 기억의 그물에 여과되어 남아 있는 지식은 역시 관심의 정도와 비례하는 것이라고 여겼기 때문이다.

최근에 와서야 객관적인 원인을 발견하고 무릎을 쳤다. 춤을 추고 싶을 정도로 좋아서 혼자 속에 담아둘 수 없으니 우선 독자 여러분께 소개하고자 한다.

원래 하반신에 관한 어휘는 어느 언어에나 풍부하다. 이는 분뇨계, 성생활계 할 것 없이 어느 쪽이나 통하는 진실이다. 예를 들어 액체 배설물 하나만 봐도 소변, 소피, 오줌, 뇨, 작은 거, 쉬, …… 등 당장 동의어가 몇 개나 떠오른다. 그만큼이나 인간에게 친숙한 존재다. 요람에서 무덤까지 따라다니는 현상이니 당연하다.

더구나 하반신에 관련된 단어뿐만 아니라 일상적으로 흔히 쓰는 단어들은 어떤 언어를 막론하고 짧다. 즉 음절 수가 적다.

이 두 가지 이유로 인해, 전혀 관계 없는 언어 간에 생기는 우연한 음운적 일치 혹은 유사함은 하반신과 관계된 단어에서 생길 확률 또한 높아지게 된다.

그렇다. 지금 말하는 일본어에도 1500~3000종류나 된다는 세계 언어 중에서 신사 숙녀가 결코 입에 담아선 안 될 낱말이 있는지도 모른다. 우습기도 하고, 두렵기도 하다.

빈축을 산 김에

먼 옛날, 베트남 전쟁 시절에 읽었던 신문의 연재 기사 중에서 아직도 잊지 못하는 것이 있다. 그 기사는 미군의 폭격이 본격화된 북베트남 지역의 서민 생활을 취재한 것이었다.

고온다습한 베트남에서 한번 병원균이 발생하면 그 번식과 확산은 상상을 초월한다. 그러니 위생관념 계몽은 중요한 과제였다. 감염경로의 핵심인 변소를 근대화하려는 노력의 일환으로 농촌지역에 간이 위생변소를 보급하려 했고, 이를 상세한 그림 해설과 함께 소개했다.

용변을 본 후, 옆에 준비해놓은 재를 똥 위에 뿌린다. 그다음에는 파리의 감염경로를 차단하기 위해 변기 뚜껑을 덮는다. 이 간이 위생변소를 고안한 사람의 이름은 훈糞 '똥'을 뜻한다 박사……. 이쯤에서 나는 신문을 쥐고 눈물이 날 정도로 웃어댔다.

미소간, 더불어 일소간의 냉전도 조금씩 녹아갈 무렵, 아마도 1987년 혹은 1988년쯤이었을까. 일소 방위문제로 열린 심포지엄에서 동시통역 의뢰가 들어왔다. 회의에서 일소 모두 있는 대로 얼굴이 굳어 있었다. 분위기가 이러면 통역사도 긴장하지 않을 수 없다. 소련 쪽 단장이 단원을 소개하는 중이었다. 한 부스 안에서 짝이 되어 같이 통역하던 동료가, 어느 장군 이름을 듣더니 갑자기 터져나온 웃음을 그치지 못해 통역 불가능한 지경에 이르렀다.

"사회주의 노동영웅 육군대장……"으로 시작하는 야단스런 직함에다 머리 끝에서 발끝까지 위엄으로 무장한 듯한, 태어나서 아마도 한 번도 웃은 적이 없어 보일 정도로 굳은 얼굴의 장군 이름이 '시리미에타'^{'엉덩이 보였다'는 뜻} 동지였던 것이다. 일본 측의 쟁쟁한 고관이며 군사평론가들도 웃음을 참느라 혼신의 힘을 다하는 듯 보인 것은 나 혼자만의 착각은 아니었으리라.

이런 경험은 러시아어 통역에만 한정되는 것은 아니다.

'걸프 전쟁에서 대국이 저지른 범죄'를 주제로 한 딱딱하기 그지없는 회의에서는 근엄한 프랑스인 발언자의 이름이, 에이즈 예방에 각광받고 있는 고무 제품의 명칭과 발음이 같아 우스워 꼴딱 넘어간 프랑스어 통역사도 있다.

전혀 관련이 없는 언어인데도, 낱말끼리 우연한 음운적 일치나 유사함이 하반신에 대한 어휘에서 자주 발견되는 이유는 앞서 고찰했다. 그런데 언어를 넘나드는 말장난이 하반신에 관한 것이면 어째서 사람들은 이렇게도 좋아할까.

"좋아하는 건 당신뿐이지. 다른 사람들까지 끌어들여서 일반화하지 마" 하고 야단맞을지 모르겠다. 하지만 이 또한 부정할 수 없는 사실이다.

영화 〈아마데우스〉에서 봤다시피, 아마도 모차르트는 똥에 대한 애정이 남달랐나 보다. 가족이나 애인에게 보내는 서간에는 지겹도록 똥에 관한 이야기가 등장하니 말이다.

스위프트, 초서, 라블레 등 세계문학의 거장들이, 그리고 요시유키 준노스케, 기타 모리오, 다니자키 준이치로, 아쿠타가와 류노스케, 다나베 세이코, 엔치 후미코, 가네코 미쓰하루 등 일본을 대표하는 쟁쟁한 문인들이 똥오줌을 다루는 데 시간과 재능을 아끼지 않았다. 이 사실은 야스오카 쇼타로가 편집한 『익살스런 분뇨담』에 분명히 나와 있다.

덧붙이면, 라블레에 관한 세계적 명저 『프랑수아 라블레의 작품과 중세 및 르네상스의 민중문화』^{국내 번역본: 이덕형·}최전영 옮김, 아카넷, 2001년 출간에서 저자 미하일 바흐친은 근대 이전부터 맥을 이어온 민중문학에서 똥은 '양기 가득한 물질'이요, '생명과 대지의 재생'의 상징이라고 논하고 있다.

그러고 보면 수많은 꿈풀이 책에서 대변이며 변소가 '재생'을 의미하는 것은 그리 우연이 아닐 것이다.

『화장실과 사귀는 방법 입문』이나 『화장실의 구멍』 『엉덩이의 비밀』 등 이런 분야의 문고본도 한없이 많다. 문고본은 박리다매가 원칙이니 최저 2만 부 정도는 팔리겠다는 계산이 서지 않으면 간행되지 않는다. 그만큼 수요가 있다는 뜻이다.

요즘 한창 각광받는 작가 시이나 마코토椎名誠가 쓴 『러시아의 니타리노프 좌변기에 대해서』나 에세이스트 하야시 노조무林望가 고전 속 똥오줌 관련 이야기를 모아 쓴 『고금황금담古今黃金譚』에서 보듯 똥오줌 이야기에 더할 수 없는 노력을 기울이고 있는 것을 보면 나 같은 겁쟁이도 용기를 낼 정도다.

그런데 어째서 사람들은 똥오줌 이야기를 이렇게나 좋아할까.

갑자기 채플린의 〈모던 타임스〉가 생각난다. 수감된 채플린은 예의 그 포복절도할 과정을 거쳐 표창을 받게 된다. 감옥의 응접실에 대기하고 있자니, 우연히 소장 부인으로 보이는 여자가 와서는 채플린과 마주 앉게 되었다. 그 부인은 아주 고약한 여자로, '흥, 더러워, 죄수하고 자리를 같이하다니. 딴 데 자리가 없으니 할 수 없어서라구' 하는 듯한 태도를 보인다. 채플린은 몸을 움츠리며 미안하다는 표정. 이때 커피가 나왔다. 소장 부인이 한 입 마시자 위에서 꼬르르륵 소리가 난다. 부인은 무안한 나머지 필사적으로 위엄을 차리면서 채플린 쪽을 힐끗 째려본다. 채플린은 못 들은 체하고 자기도 한 모금 마신다. 이번에도 위에서 꼬르르륵 소리가 난다. 영화관은 폭소의 도가니.

이런 생리현상은 남녀, 신분, 계급, 민족, 인종에 관계없이 누구에게나 평등하게 찾아온다. 인간을 나누는 어떤 장벽도 단번에 없애버린다. 더구나 식욕과 배설 욕구 모두 생리현상이지만, 비교해보면 전자의 '인풋'input에는 신분이나 계급차, 개인차가 현저한 데 반해, 후자인 '아웃풋'output에는 기본적으로 별 차이가 없다. 이러한 인류 공통의, 아니 살아 있는 존재의 공통된 보편성을 확인하는 기쁨 때문에 사람들이 이렇게 웃는 것이 아닐까.

불문학자 와타나베 가즈오渡辺一夫는 다음과 같이 의미심장하게 말했다.

"미스 유니버스도, 총리도, 박사도, 영부인도 똥오줌이 배에 차지 않도록 할 수는 없는 일. 냄새나는 데 뚜껑을 덮을 수는 있어도 품위 있는 척, 잘난 척하는 우리 인간도 엄연히 냄새나는 존재라는 사실을 잊지 않는 게 좋겠다."

〈모던 타임스〉의 예에서도 본 것처럼, 똥오줌의 이야기를 더 재미있게 꾸며주는 장치로 잘난 척과 위선은 필수품이다. 그런 의미에서 박학다식한 문명비교론자 로빈 길Robin Gill이 명저 『오역천국誤譯天國』에서 똥오줌 이야기를 즐기는 데 있어 독일인과 일본인을 따라갈 민족이 없다고 지적한 내용이 재미있었다.

또 한 가지, 똥오줌 이야기로 웃기는 이상적인 조건이 있다. 듣는 쪽이 예상도 못하는데 갑자기 등장시킬 때다.

다른 언어 간의 커뮤니케이션에서, 듣는 쪽뿐 아니라 말하는 쪽에서도 상대방 언어에 그런 의미가 있으리라고는 꿈에도 생각하지 못했으니 더 우스워지는 것이다.

일소 교류사에 있었던 실화

모스크바 시는 크렘린 궁을 축으로 순환도로가 몇 겹이나 동심원을 그리며 달리고 있다. 한가운데의 순환도로는 크렘린 성벽을 따라 주위를 뺑 도는 형식이요, 맨 바깥쪽의 200킬로미터 남짓한 도로는 시의 경계선 역할을 한다.

이 몇 겹이나 되는 순환도로를 관통하며 방사선 모양의 도로가 크렘린에서부터 사방팔방으로 뻗어 있다. 그중에서도 소련 시절에 칼리닌 거리라 불렸던 신新 아르바트 거리는 트베르스카야 거리와 함께 모스크바에서 제일가는 중심가다.

이 신 아르바트 거리를 따라 늘어선 크렘린의 빨간 성벽이나 러시아 최대 규모인 레닌 도서관의 거무튀튀한 기둥들, 게다가 하얀 국방부 건물이 바라보이는 곳에 자그맣지만 아름다운 건물이 있다. 바깥 벽에는 조개를 본뜬 귀여운 장식도 새겨져 있다.

바로 여기에 대외우호교류단체 연락회 본부가 있는데, 세계 최초의 여자 우주비행사 텔레시코바 여사가 회장을 맡고 있다. 나 또한 다도나 꽃꽂이 같은 문화사절단을 통역하기 위해 이 건물에 들어갈 기회가 몇 번인가 있었는데 인테리어에도 정말 공들인 듯했다. 혁명 전에 어느 거상이 지은 저택이란다.

　　이 건물은 1945년까지는 일본대사관으로 쓰였다. 그해 2월, 흑해 연안에서 열린 얄타 회담에서 미국은 사할린 남부와 지시마 열도(현 쿠릴 열도)를 소련에 주는 조건으로 스탈린에게 소련도 일본과의 전쟁에 참전한다는 약조를 받아냈다. 1945년 8월 8일, 소련은 일소중립조약을 어기고 대일 선전포고를 한다. 이에 국교는 단절되었고, 당연하게도 모스크바의 일본대사관은 이 아름다운 건물을 내주어야 했다.

　　이 건물은 한때 인도대사관이 되었다가 최종적으로 대외우호교류단체 연락회의 본부가 되었다.

　　일소 국교회담이 재개된 것은 스탈린이 죽은 후다. 1956년 10월에 조인된 일소공동선언으로 영토문제는 제쳐둔 채로 국교를 수립하게 되었다.

　　1957년, 다시금 일본대사관이 모스크바에 위치하게 되었으나 그 아름다운 건물은 이미 남의 손에 넘어간 터였다. 그래서 칼라시니코프 옆골목에 위치한, 경관이 한참 떨어지는 건물로 정해진 것이다.

칼라시니코프 골목길은 도심에 있긴 하지만 일방통행에 폭도 좁은 길이다. 따라서 주차를 할 수도 없고 과거 10년간의 내 경험을 비추어보건대 함몰 등의 도로 결함으로 늘 물이 괴곤 했다. 또한 대사관 건물은 청빈사상을 드러내려는 듯 겉도 속도 쓸쓸하고 빈티 나니, 'GNP 세계 2위'라는 국력과는 거리가 멀어 보였다.

뭐가 좋다고 이런 곳에 자리를 잡았을까 하는 의문이 생기지 않을 수 없다. 사실인즉, 소련 정부에서 꽤 좋은 조건의 건물을 제안해 대사관 측도 마음이 움직인 적이 있단다.

크렘린 궁전이 바라보이는 모스크바 강기슭 최고의 로케이션. 같은 라인에는 영국대사관도 있다. 세계 각국 어디를 가도 영국대사관은 제일 좋은 터를 차지하고 있다. 일본에서도 지요다 구 1번지의 벚꽃 명소인 지도리가후치 벽을 따라서 광대한 명당에 버티고 있지 않나. 선발 제국주의 나라로 세계 7대양을 제패한 옛 대영제국 영광이 이런 곳에도 여운으로 남아 있나 싶다.

이렇게 하여 영국대사관을 이웃으로 둔, 더할 나위 없는 위치에 우뚝 선 아름다운 건물은 어떤가 하고 소련 측에서 타진이 왔다. 국교를 막 회복한 때이니 소련 정부도 꽤나 신경을 써준 것이었는지 모른다.

그러나 그 후보지의 주소를 알고 난 뒤, 일본은 망설임 없이 즉각 거절했다 한다.

'모스크바 시 야키만코'^{'구운 보지'와 음이 같다} 거리 ○○번지.'

러시아의 주일 대사관 후보지로 '시부야 구 에비스'의 터를 권했는지 어땠는지 언제 한번 조사해봐야겠다.

천동설의 맹점

베를린의 조선인

1988년 12월, 동독에서 열리는 회의에 통역하러 가는 길에 직행이 없어 오스트리아 빈을 경유해야 했다.

빈에서 동베를린행 오스트리아 항공기로 바꿔 탔는데, 예순쯤 되어 보이는 기품 있는 동양인 신사가 내 옆자리에 앉아 있었다.

"일본인이시죠?"

신사는 유창한 일본어로 물으며 자기는 도쿄에 사는 김 씨라고 소개를 했다.

"재일 조선인입니다. 북쪽이지요. 특별한 정치적 이유가 있어 그런 건 아니고, 소속을 결정할 무렵 남쪽은 이승만에 박정희 모두가 독재 정권이라……"라며 묻지도 않았는데 덤덤하게 말한다.

그러는 사이, "약 20분 후에 동베를린 쉬네펠트 공항에 도착하겠습니다" 하는 기내 방송이 독어와 영어로 흘러나왔다. 기체가 하강한 지 10분쯤 지났을까. 두터운 구름층을 빠져나오자 침엽수림 속에 희뿌옇게 서리를 쓴 지붕들이 여기저기 흩어져 있는 모습이 눈에 띄기 시작했다.

제2차 세계대전 후 세계 정세는 3개의 분단국가를 만들었다.

1954년, 프랑스와의 전쟁 결과 북위 17도 선을 경계로 남북으로 분단된 베트남.

승전국인 미국, 프랑스, 영국, 소련의 분할점령 결과 일시적이었던 경계선이 1949년 서방제국이 점령한 '독일연방공화국'과 소련이 점령한 '독일민주공화국'으로 국경을 가른 독일.

1945년, 일본군 무장해제를 맡은 미군과 소련군이 나눈 경계선이 1948년 대한민국과 조선민주주의인민공화국의 수립으로 국경이 되어버린 한반도.

베트남은 1976년 미국과의 전쟁에서 승리하여 이미 통일을 이루었다. 남은 두 분단국가인 독일과 한반도는 양쪽 모두 제2차 세계대전 후, 냉전이라는 쓸모없는 대립에 희생되었다. 미국과 소련이라는 초강대국을 필두로 한 자본주의와 사회주의라는 상반된 양대 진영의 지정학적 최전선에 자리잡은 탓에 한 뿌리에서 난 생가지가 갈리듯한 민족이 나뉘어버린 것이다.

비행기가 막 내려서려고 하는 나라와 옆에 앉은 신사의 나라가 공유하는 비극을 생각하고 나는 잠시 감상적인 기분이 되어 "이 나라는 당신 나라와 운명이 같아 보이는군요"라고 중얼거렸다.

"그건 아니지. 절대 아니야."

신사는 갑자기 버럭 소리를 질렀다. 지금까지의 온화한 표정이 온데간데없이 사라졌다. 무서울 정도였다. 흥분한 김 씨의 말은 도대체 알아들을 수가 없을 정도였다. 본인도 제대로 표현하지 못하는 데 부아가 나는 모양이었다. 하고 싶은 말이 헝클어진 실타래처럼 한꺼번에 터져 나오느라 언어중추가 혼란스러운 모양이었다. 하지만 그 내용은 명확하기 그지없는 터라 나는 번개를 맞은 듯한 충격을 받았다.

"독일은 점령받을 원인을 제 스스로 만들었고, 따라서 분단된 원인에 일정 부분 책임을 지고 있지요. 하지만 우리 조국은 아닙니다."

김 씨가 말하고 싶었던 것은 대략 이렇다. 맞다. 어째서 이리도 자명한 사실을 모르고 있었던 것일까.

3천만 명 이상의 사망자에 4천만 명에 가까운 부상자를 낸 인류사상 최악의 역사가 된 제2차 세계대전을 계획한 것은 독일, 일본, 이탈리아였다. 독일이나 일본군이 점령지역 국민에게 얼마나 잔혹한 짓을 저질렀는지는 여기서 일일이 열거할 수조차 없다. 독일이나 일본에 점령당한 지역 국민에게 연합군 군대가 얼마나 환영을 받았는지만 봐도 알 수 있으니까.

연합군의 추격을 받고, 침략한 곳에서 철수하여 본국까지 쫓겨 들어가 항복한 독일이 전후 처리로 인해 점령당한 것은 할 수 없는 일이다. 하지만 한반도는 1910년에 한일합방된 이래 세계대전 때마저도 일본의 확장주의 침략전쟁에 희생되었다. 게다가 연합군은 일본을 점령했을 뿐 아니라 한반도까지도 점령 아래 두었다. 일본군 잔당이 아직 남아 있다는 이유로. 그 때문에 민족이 분단되어 버렸다. 한반도는 미·소군에게 점령당할 원인을 자초하지 않았다(원인을 만든 것은 일본이다). 따라서 분단 원인에 대해 책임을 질 필요가 없다.

신사인 김 씨가 차마 입에 담지는 않았지만, 나는 그가 '민족 분단의 책임을 져야 하는 것은 일본이다. 독일이 받고 있는 벌을 일본이 피할 수 있었던 것은 한국과 북한이 대신하고 있기 때문이다'라고 암시하는 것만 같았다. 적어도 그러한 역사의 선택이 있을 수 있다는 논리적 필연성을 나는 그때 처음으로 느꼈다.

그 후 소련 붕괴 전후의 혼란을 틈타 고문서가 공개되면서 지금까지 소문으로만 나돌던 스탈린의 홋카이도 점령계획이 실제로 드러났다. 그러자 이러한 역사의 선택이 더욱 현실적으로 느껴졌다.

무라카미 류는 『휴가 바이러스』에서 1945년 일본이 연합군에게 무조건 항복을 거부하여 본토결전에서 패배한 후 미국, 소련, 중국, 영국에 분할통치된다는 픽션을 전개하고 있다.

그 훨씬 전에 이노우에 히사시는 『1분의 1』이라는 소설(베를린 장벽 붕괴 이전부터 〈소설 현대〉에 연재하고 있었으나 붕괴 후 얼마 안 되어 중단했다)에서 전후 일본이 연합군에 의해 분할통치된다는 가설을 깔고 이야기를 구성하고 있다.

픽션이란 것은 단순한 상상력의 산물이라기보다는 피상적인 현실 뒤에 산처럼 버티고 있는, 실현되지 않은 '현실'을 읽는 통찰 방법이라는 것을 이때 깨달았다.

김 씨와 함께 내려섰던 베를린, 그곳의 장벽은 이듬해 1989년이 저물어갈 무렵 붕괴되었고 1990년 10월 3일, 동독과 서독은 41년 만에 재통일을 달성했다.

이제 지구상에서 분단국가는 한반도의 남북이 유일하다.

만주의 일본인

같은 해 1990년 도쿄, 가뜩이나 찜통 같은 한여름의 어느 날, 나는 희한한 열기에 싸인 회의장에서 통역을 하고 있었다. 장내를 메운 사람들은 거의가 일흔 남짓한 남자들이었으나, 도저히 노인으로 보이지 않았다. 그들이 뿜어내는 에너지가 굉장했기 때문이다. 소련 적십자사 대표가 단상에 올라가 포로 수용소의 하루 식사에 관한 규정 사항을 읽자 그 에너지는 정점에 달했다.

"버터 ○○그램, 달걀 ○○개, 우유 ○○리터, ……."

단상에서 들려오는 러시아어도, 내가 통역하고 있는 일본어도 웅성거리는 욕과 비웃음에 묻혀 들리지 않았다.

그래도 소련 적십자사 대표는 조금도 당황하지 않고 좌중의 흥분이 가라앉기를 기다려 계속했다.

"아니, 저는 당시의 포로 수용소가 그랬다는 말을 하려는 게 아닙니다. 중앙관리당국의 문서에 그렇게 쓰여 있다는 말을 하려는 것뿐입니다. 이것이 당국의 기만인지, 규정대로 식량은 배급되었는데 도중에 어떤 횡령과 착복이 있었는지, 그 어느 쪽도 부정할 수 없습니다만."

그제서야 겨우 통역을 계속할 수 있게 되었다. 하지만 여전히 방심할 수 없었다. 좌중의 남자들은 분노에 가득 찬 시선을 단상으로 보내고 있었으니 언제 또 중단될지 몰랐다.

이 심포지엄을 맡을 때부터 이런 전개를 예상했었다. 전쟁 포로로 옛 소련에 억류되었던 일본인들이 이렇게나 많이 한자리에 모여 소련 대표와 마주한 일은 처음이었다. 참고 참은 한이 이제야 풀 데를 찾았다는 듯이 봇물 터지듯 쏟아지고 있었다. 이 또한 페레스트로이카 덕이긴 하다.

지금까지 소련은 과거의 치부는 모두 은폐하려는 태도로 일관했다. 당시 소련 수용소는 포로 관리에 대한 국제적인 협정을 완전히 무시하고 있었던 것이다. 열악한 주거 환경 아래서 중노동을 강요당해 약 60만 명에 이르는 억류자 중 약 6만 명이 목숨을 잃었다. 또한 일소 강화조약이 체결되지 않았다는 명목으로 송환을 거부해 10년이 지나서야 겨우 귀환한 사람도 있었다.

억류자 출신들이 소련 각지에서 죽어간 사람들의 명부를 요구해도, 혹은 다른 연합군의 포로가 된 일본인에게 발급되는 노동증명서(이를 바탕으로 일본 정부가 보상을 지급한다)를 발행하라 해도 매몰차게 거절하며 상대도 하지 않았다.

그러던 것이 고르바초프 등장 후 손바닥 뒤집듯 바뀐 것이다. 적어도 일본 측을 만나 귀 기울이려는 제스처는 보이게 된 것이다. 게다가 학자들까지 동원하여 조사에 나섰다.

'일소 억류자 문제 심포지엄'이라 이름 붙여진 이 회의는 고르바초프의 일본 방문을 한 해 앞두고 소련에 대한 일본인의 악감정을 풀어보기 위한 것이었다. 따라서 소련 적십자사와 역사학자들로 구성한 소련 대표단과 오랫동안 억류자 명부와 노동증명서를 발행해달라고 요구해온 '전소 일본 억류자 보상협회'에 결집한 포로 출신 일본인들과의 대화가 주가 되었다.

다음의 클라이맥스는 소련의 역사학자 K 박사가 말하는 중에 일어났다. 억류자 문제의 단서가 된 역사적 경위를 보고하고 있을 때였다. K 박사가 소련군이 만주에 "들어갔다"고 말한 순간 회장이 웅성거리기 시작했다.

"일소중립조약을 멋대로 깨뜨려놓고는 '들어갔다'니 말이 돼?"라는 야유가 터진 이후에는 아예 수습할 수 없을 정도로 장내가 소란스러워졌다. K 박사는 어이가 없다는 듯 회장을 지켜보더니 결심한 표정으로 단상의 마이크를 쥐어잡았다. 그러고는 저음의 목소리를 쥐어짜듯 깔며 말했다.

"시끄러워! 그럼, 그때 당신네들은 어디에 있었나? 당신네 안방에 있었나? 만주가 당신네 땅이냔 말야!"

이 한마디에 벌집을 쑤셔놓은 듯하던 회장이 찬물을 끼얹은 듯 조용해졌다. 그리고 동시통역 부스 안에서 업무 중이던 내 머릿속에선 그 순간 과거의 희미한 기억들이 한 바늘로 선명하게 꿰어졌다.

험악해지는 중소 관계 속에서

내가 아버지 부임을 따라 당시 체코슬로바키아라는 연방국이었던 나라의 수도 프라하로 이주하여, 소련 대사관 부속학교에 다니게 된 것은 1960년 1월이었다. 이미 그 전해 10월 말에 프라하에 도착했지만 우리 부모님은 초등학교 3학년인 나와 1학년인 여동생을 어느 학교에 보낼지 상당히 깊이 고민하셨던 모양이다. 3년에서 5년 뒤면 귀국할 텐데, 일본에선 체코어에 관한 교과서도 교사도 구할 수 없을 테니 학업을 계속할 수 없게 된다. 옆 나라 오스트리아의 빈에는 미국 학교도 있었지만 부모님 곁을 떠나 기숙사 생활을 해야만 했다. 3개월이나 망설인 끝에 모든 수업을 러시아어로 받는 소비에트 학교에 입학하기로 했다.

당시 체코슬로바키아는 소련의 위성국이었으니, 소련인 기술자들이나 군인들이 많이 주재하고 있었다. 그들의 자녀 교육을 위해 소련 정부에서 교사를 파견해 본국의 학습지도 원칙에 따라 운영하는 학교였다.

우리 부모님과 같은 생각을 한 다른 외국인들도 많았는지 소비에트 학교는 50개국 이상의 아이들이 모여 배우는 인터내셔널 학교가 되었다. 학생들 국적을 보면 5대륙 거의 모든 나라를 포괄하고 있었으나 역시 주력은 사회주의 진영에 속하는 나라들이 많았다. 그런데 중화인민공화국에서 온 아이들만은 왠지 한 명도 없었다. 프라하에는 소련, 미국 다음으로 큰 중국대사관이 있었는데 말이다.

이전에는 중국인 아이들도 다녔는데 나와 내 여동생이 편입하기 바로 전해에 일제히 퇴학했단다. 국어 교과서에 '소련과 중국 두 나라 인민의 영원한 형제애'를 외칠 만큼 대외적으로 국제공산주의 운동의 완전한 단결을 선전하고 있었지만, 어쩐지 심각한 대립이 생기고 있고 또 그걸 감추는 데 열심인 것을 어린 마음에도 눈치챌 수 있었다.

그것이 일제히 표면화되어 악화일로에 빠진 것은 1963년, 소련이 부분핵실험 금지조약을 표명하면서 중소 대립이 시작됐기 때문이다. 조약에 따르면 대기권 내, 우주공간, 수중 핵실험은 금지되었으나, 지하 핵실험을 계속하는 것은 허락되었다.

"미국과 소련은 대기권이며 해양에서 실컷 핵실험을 해서 필요한 데이터를 입수해놓았다. 이제 더 할 필요가 없어지니까 이쪽에서 개발하려는 걸 막으려고 그런 기만적인 말을 하는 것 아닌가."

이렇게 후발 핵보유국인 중국과 프랑스는 반발하면서 가입하지 않았다. 물론 중국은 그런 속내를 보일 리 없으니 공식적으로는, '지하를 포함한 모든 핵실험을 금지하지 않으면 의미가 없다'며 이 조약을 거부했다. 서방 세계 앞에서 체면상 억지로 추스르던 중소 '단결'이 여기에 와서 완전히 무너진 것이다. 지금까지 참아온 서로에 대한 불만이 한꺼번에 폭발한 것 같았다. 이제 부분핵실험 금지조약은 안중에 없고 국제공산주의 운동의 주도권 싸움이 양상을 드러내기 시작했다.

소련과 소련의 위성국이었던 체코의 매스컴은 일제히 반反중국 캠페인을 벌였고 그 내용도 점점 더 심해졌다.

그 무렵 흐루시초프와 마오쩌둥 간의 '구야슈 논쟁'이란 것이 있었다. 구야슈란 헝가리 국민요리로, 한마디로 파프리카를 잔뜩 넣은 쇠고기찌개 같은 것이다. 일본 요리로는 돈지루잘게 썬 돼지고기와 채소를 넣은 된장국, 러시아 요리로는 보르시러시아식 수프, 쓰촨성 요리로는 마파두부 같은 고향의 맛이라 할까.

헝가리를 방문한 흐루시초프는 동유럽 위성국가들도 반중국 캠페인에 동원할 목적으로 마오쩌둥을 비롯한 중국 지도부에 비난을 퍼부으며 연설을 했다.

"지도부의 잘못으로 중국 경제는 매년 악화되고 있습니다. 농촌은 피폐해가고 인민의 생활은 날이 갈수록 처참해지고 있습니다."

이렇게 말하는 동안 흐루시초프는 청중이 지루해하는 듯한 표정을 봤나 보다. 알아듣기 쉽게 말해야겠다 싶었는지, "중국 노동자나 일반 대중들은 고기를 못 사서 구야슈조차도 못 먹고 있어요"라고 말했다.

이 실언을 마오쩌둥이 그냥 지나칠 리가 없다.

"그야 우리 중화인민공화국에는 구야슈 같은 요리가 없으니 인민들이 먹을 리가 있나. (여기서 구야슈가 어떤 요리인지 설명한 후에) 하지만 구야슈보다 훨씬 맛있는 고기 요리가 얼마든지 있으니 흐루시초프 동지가 일부러 걱정해주지 않아도 괜찮구려"라며 〈인민일보〉에서 반론했다 한다.

중소 논쟁으로 새우 등 터지는 꼴이 된 헝가리 사람들에겐 유감 천만인 얘기다. 아무리 그래도 어른스럽지 못하다고 어린 마음에도 생각했었다. 학급회의 시간에도 온통 이 주제에 집중했다. 그때 토론한 신문기사 중에 아직도 잊히지 않는 것이 있다.

소련은 1960년 이후, 중국에 파견된 기술자들을 모조리 불러들이기 시작했다. 기계설비 전부가 소련제였으니, 아직 국제적으로 고립되어 있던 중국 경제에 엄청난 타격이었으리라. 이 소련인 기술자들이 탄 열차는 중소 국경을 통과하기 전에 잠시 정차했다. 출국 세관 심사도 해야 했지만, 철도 폭이 달라 바퀴를 갈아 끼우는 데도 꽤나 시간이 걸렸기 때문이다. 기사에 따르면, 중국인들은 이 곳으로 떼 지어 몰려와 소련인들 면전에 대고 차례로 엉덩이를 까고는 보란 듯이 똥오줌을 갈겼단다.

중국에서 이런 행위는 상대방을 모욕하는 최고의 수단이라고 한다. 최근에 읽은 베스트셀러 『마오쩌둥의 사생활』에도 이것이 홍위병의 집단적 시위행동 가운데 하나로 묘사되고 있다.

내게 충격적이었던 것은 중국의 일반 인민들에게도 소련과 소련인에 대한 증오심이 그토록 널리 퍼져 있었다는 사실이다.

1964년이 저물어갈 무렵, 프라하→모스크바→베이징→광둥→홍콩을 거쳐 겨우 도쿄로 돌아온 우리 가족은 모스크바에서는 중국을 '교조주의'라 하고, 베이징에서는 소련을 '수정주의'라고 부르는 것을 지겹도록 들어왔다. 그 정도는 욕도 아니다 싶을지 모른다. 하지만 마르크스·레닌주의에 대해 정통성을 다투고 있던 당시의 소련과 중국으로서는 이 비난이 서로를 파문하기 위해 흙탕물을 튀기는 말이나 마찬가지였던 것이다.

아무튼 만나는 사람마다 인사말에 이어 상대 나라 욕을 시작했다. 자국 내의 모든 모순과 결함을 소련은 중국, 중국은 소련 탓으로 돌려 분을 삭이려는 듯했다.

1969년 봄, 급기야 중소 간 무력 충돌이 일어났다. 양국 국경을 따라 흐르는 우수리 강에 위치한 다만스키 섬의 귀속을 두고 국경분쟁이 격화되었고, 일촉즉발로 중소 전면전으로 번질 위험까지 있었다. 이후 1980년 초까지 양국의 적대와 증오는 계속된다.

1973년, 소련의 극동지역 아무르 강변의 하바롭스크 시에 갔을 때는 아마도 중국에 대한 감정이 최악인 시절이었으리라. 중국 국경에서도 가까운 이 도시는 소련 정부가 이미 손을 써 중국에 대한 경계심을 고무해두었는지도 모른다. 관계 없는 일본인인 나에게까지 "중국을 어떻게 생각하세요?"라고 물었다. 적당히 무난한 대답으로 피해 가려 하면, 중국은 이런저런 몹쓸 짓을 저지르고 있다고 끈질기게 늘어놓는데, 아주 질리고 말았다.

"아, 예. 정말 중국은 나쁘군요"라는 말을 들을 때까지 놓아주려 하지 않았다. 무서워서 한 번도 시도해보진 않았지만 혹시 중국을 칭찬하기라도 했다면, 아마 그 자리에서 죽임당했을지도 모른다. 아무튼 정상이 아니었던 것이다.

아무르 강 건너편, 중국에서도 마찬가지였을 것이다. 당시 친중파였던 일본인이 도를 넘어 소련을 증오하는 모습을 볼 때마다 그 런 생각을 했다.

1983년 여름, 중국 동북 지역을 방문할 기회를 얻었다. TBS 텔레비전이 기획한 〈베이징에서 모스크바까지 9000

킬로미터, 만두의 뿌리를 찾아서〉라는 프로그램 취재를 위해 러시아어 통역사로 고용된 덕분이다. 한 달에 걸쳐 베이징→셴양成陽→창춘長春→하얼빈→만저우리滿洲里→페트로프스크자바이칼스키→이르쿠츠크→노보시비르스크→야로슬라블→모스크바의 여정을 철로를 따라 도중 하차하면서 곳곳의 요리를 즐기는 기행 프로그램이었다.

방문한 곳곳의 명승 유적지도 촬영 대상이었다. 그때 다른 일본인 스태프들은 별로 주목하지 않았지만, 내게는 대단히 충격적인 것이 있었다.

셴양에도 창춘에도 하얼빈에도, 1945년 맨 처음 시내에 들어온 소련군의 전차나 전투기가 시내 광장에 기념비로 세워져 있었던 것이다. 40년이나 지난 일인데 잘 손질되어 있었고, 석대 앞에는 헌화도 끊이지 않았다. 다소 마음에 걸리는 점이 있어, 나는 같이 갔던 중국인 코디네이터에게 물어보았다.

"중소 관계가 최악이었던, 1960~70년대에도 이 기념비가 관리, 유지되었나요?"

"물론이죠. 우리에게 이것은 아주 신성한 것이니까요."

그는 조용하게 말해주었다.

일본은 1931년에 일으킨 류탸오거우柳條湖 사건만주사변이라는 모략을 계기로, 이곳 중국 동북 지역을 1932년에 만주 괴뢰국가로 만들었다. 1945년, 소련은 일방적으로 일소 중립조약을 파기하고 만주 국경을 뚫고 들어왔다.

관동군에게 버림받은 일본 민간인이 소련 병사에게 부녀 폭행과 강도 등을 당해 생지옥을 겪었던 것은 야마사키 도요코山崎豊子의 『대지의 아들』국내 번역본: 박재민 옮김, 청조사, 1991년 출간을 비롯한 많은 픽션, 논픽션 작품이 전해주고 있다.

하지만, 하지만이다. 일본에게 침략당하고 유린당한 중국 동북부 사람들에게 소련군은 곧 해방군이었던 것이다. 그 후 1960~70년대를 통해 중국인의 최대의 적이자 인민 모두의 증오의 대상이었던 소련. 그래도 1945년 일본의 우파가 아직도 항의하고 있는 만주 국경 침범에 대해, 중국인은 신성하고 감사해야 할 행위로 기억하고 있다.

그것은, 일본이 중국을 지배했다는 것이 중국인에게는 얼마나 고뇌와 굴욕에 찬, 견디지 못할 일이었는지를 말해준다.

"상대방의 입장에서 생각해라."

형제나 친구끼리 다툴 때마다 부모나 선생님께 이런 훈계를 듣지만, 이렇게 힘든 일이 또 있을까. 더욱이 역사도 나라도 문화도 다른 사람들끼리 상대방 입장에서 생각한다는 것은 선의라 할지라도 얼마나 어려운 일인지 명심해 두는 것이 좋겠다.

대부분의 사람들에게 세상은 자기와 자민족 중심으로 돌고 있다. 그것이 반드시 나쁘다고 볼 수는 없는 노릇이다. 이는 생명체의 자기보존 본능에서 비롯되는 자연의 법칙과도 같은 것이니까. 그러니 '상대방의 처지에서' 생각한다는 '배려'에는 한계가 있다. 차라리 상대방이 스스로 말하게 한 후 거기에 마음을 열고 귀를 기울이는 자세를 보이는 편이 더 효과적일 것이다.

하지만 사실은 이것보다 더 신경 쓰이는 일이 있다.

카자흐스탄의 미국인

소련 붕괴와 함께 새로운 독립국가가 된 카자흐스탄 공화국의 미국대사관이 최근 미국영화주간을 마련했다. 카자흐스탄의 영화인들을 초대하여 할리우드가 자랑하는 명화를 차례로 상영하며, '어때, 굉장하지?'라는 듯이 득의양양했단다.

그런데 상영 중 피식피식 조소가 끊이질 않았다. 거기에 같이 앉아 있던 일본인들에게 들은 바에 따르면 우선 조소의 대상이 된 것은 여배우 얼굴이었다. 당시 할리우드 영화는 여배우들을 미인으로 돋보이게 하려고 렌즈에 네트를 씌워 얼굴의 흠을 감추고 윤곽을 부드럽게 하는 효과를 너무나 상투적으로 쓰고 있었다.

"이히히, 미국 여자들은 늘 저런 안개 속에서 지내나 보지?"라며 야유를 날렸단다.

특히 명작 중의 명작이라 칭찬이 자자한 잉그리드 버그만과 험프리 보가트 주연의 〈카사블랑카〉는 카자흐스탄 영화인들에게 혹평을 받았다고 한다.

옛 파리 시대, 릭 역을 맡은 보가트가 옛 애인 일자 역을 맡은 버그만을 프랑스령 모로코의 카사블랑카에서 다시 만난다. 릭이 독일에 대항하는 레지스탕스 투사인 일자의 남편을 독일군의 추적에서 빼돌린 뒤, 무사히 미국으로 망명시킨다는 멜로드라마다.

혹평을 산 이유는 나치 독일로부터 유럽을 해방시키자고 외치는 주인공들이 프랑스 식민지인 모로코에서는 지배자의 얼굴을 한 무신경함 때문이었다.

같은 아시아인인 카자흐스탄인들은 서양인의 이런 무신경함을 금방 알아챘는데, 전후 일본에서는 이 영화가 개봉된 이래 명작으로 명성을 얻어 오늘에 이르고 있다. 탈아입구脫亞入歐·일본 개화기의 사상가 후쿠자와 유키치가 일본의 나아갈 길에 대해 '아시아를 벗어나 서구사회를 지향한다'는 내용을 골자로 제시한 사상, 상승지향이 강한 일본인의 사고회로는 완전히 명예 백인이 되었나 보다.

내가 앞서 신경이 쓰인다고 한 것은 일부 일본인에게 보이는 바로 이 '무신경함'이다.

평가의 방정식

도쿄의 옐친 대통령

러시아 아에로플로트 사의 비행기가 너무하다 싶을 정도로 시간표대로 움직이지 않자, 마침내 폭발해버린 한 남자가 "이렇게 늦을 거면 시간표를 만들지 말지!"라며 분통을 터뜨렸다. 그랬더니 직원 왈, "손님, 시간표가 있으니 늦는 것도 알지요."

아에로플로트기機는 서비스 나쁘고 시간표를 전혀 지키지 않는 것으로 정평이 나 있지만 직업상 이 항공편으로 러시아 국내를 이동하는 일이 빈번하다. 나는 아에로플로트기를 탈 때면 버스조차 단 몇 분을 기다리게 하지 않는 서비스에 익숙한 일본인 동행자들에게 미리 방어책을 편다.

먼저 앞에서 이야기한 유머를 꺼낸 다음 "제 경험에 비추어 지금까지 한 번도 예정대로 출발한 적이 없어요. 공항에서 33시간을 기다린 적도 있죠. 언젠가 좌석 위의 환기팬에서 찬물이 머리 위로 떨어지기에 승무원에게 불평했더니, 그걸로 죽진 않을 거라며 상대도 안 해주던걸요. 아니 원래부터 서비스란 개념이 없으니까요"라고 조금 부풀려 말해둔다.

소련 붕괴 이전, 동행한 러시아인이 옆에서 이 말을 듣고 "그건 소련의 모략 아니오?"라며 항의해 조금 난처해진 적이 딱 한 번 있긴 했지만 그 외에는 이 방법으로 잘 해결된다. 네댓 시간 늦는 것쯤에 투덜대는 일도 없고 비행기를 타고 목적지에 무사히 도착한 것만으로도 만족한다.

"운이 좋았나 봐요. 게다가 생각보다 서비스도 나쁘지 않던 걸요"라며 아에로플로트 사 평가도 높여준다.

사물의 인상이라는 것은 사전의 이미지에 상당히 좌우된다. 그러니 기대치가 낮을수록 좋다.

1993년 7월 9일, 'G7(서방 7개국 정상회담)+1'의 도쿄 회담 때의 일이다. 일러 공동기자회견에서 북방영토문제에 대해 질문받은 옐친 대통령은 "그 문제는 10월에 방문할 때"라고 대답했다. 이를 동시통역하고 있던 나는 잠시 망설였다. 그 전날인 8일, 일러정상회담에 관한 언론사 브리핑에서 "방일 예정은 10월 중순 이후를 검토 중"이라는 발표가 이미 있었지만 "가능성의 하나로서"라는 단서가 달려 있었고 어디까지나 간접화법이었다. 그것을 대통령 스스로 이렇게 확실히 말해도 될까 싶었기 때문이다.

그해 4월 25일 국민투표에서 승리한 이후, 곧 통과되리라 예상했던 대통령 권한의 확대를 노린 신헌법 초안은 골자가 다 빠져버렸고 여전히 채택되지 못하고 있었다. 의회선거 또한 가을로 앞당겨 실시하려는 기운이 농후했다. 즉 객관적인 정세로 보아, 방일訪日을 취소한 1992년 9월과 1993년 5월에 비해 옐친 대통령이 처한 상황은 전혀 호전되지 않았다.

그런 상황에서 방일 시점을 말해버리면 오히려 방일이 어려워진다는 러시아의 실정을 이 사람은 아직도 모르고 있다는 말인가. 대부분의 러시아인에게는 지도상의 점 하나 정도밖에 되지 않는 지시마 열도 남단의 섬들이 갑자기 권력투쟁의 미끼가 되어가기 시작했다. 옐친은 1992년 일찌감치 방일 일정을 발표하는 바람에 의회나 정적에게 이를 저지당했고, 러시아 매체의 반일 캠페인도 과열을 더해갔다. 그 어리석음을 또 되풀이하고 싶은가. 세 번이나 연거푸 어기면 아무리 제 나라 정부의 공약 위반에 익숙해져 있는 일본 국민이라도 러시아에 대한 신뢰 회복은 불가능해질지 모른다. 남의 일이지만 노파심이 생기지 않을 수 없었다.

아무리 생각해도 당시의 일러 관계, 적어도 정부 차원

의 관계는 최악이었다. 한쪽은 영토문제에만 집착했고, 다른 한쪽은 지원해주기만을 바라는 불행하기 짝이 없는 관계였다. 그런데도 양국 정부, 외교부, 매체 모두 여러 경우 중에서 가장 좋은 가능성을 발표하려 했다. 왜 기대치를 높여 잡으려 하나? 현실에선 그렇게 쉽게 해결되지 않는다. 기대치에 따라 실망도 비례하니까, 쓸데없이 기대하면 실망도 커진다. 고르바초프 시대부터 이 패턴을 반복했기에 양국 관계는 악화되어갔던 것이다.

외교술이 서툰 것으로 돌리기 이전에, 알다시피 양국 간에는 해결해야 할 문제가 산적해 있다. 그래도, 아니 그렇기에 좀더 신중했으면 했다. 만약 옐친이 일본 측의 기대치를 낮출 목적으로 그렇게 약속을 어기는 거라면 단세포 같은 외모와 달리, 먼 미래를 내다볼 줄 아는 책략가라 평가해주리라.

"어차피 취소할 거라면 날을 잡지나 말지"라며 씩씩거리는 일본에게 러시아는 "아, 약속이 있으니 취소란 것이 있지" 하고 되받으려나?

이렇게 내가 동시통역 부스 안에서 안절부절 못하고 있던 시점으로부터 3개월 후인 10월 중순, 옐친은 모두의 예측을 뒤집고 약속한 시기보다 빨리 나타났다. 그는 대포로 의회를 해산한 여세를 몰아 의기양양해 있었다.

세 번째 약속은 어기지 않았으나, 일본 정부도 일본 국민도 이미 기대치를 한참 낮추고 있었다. 당초 예정이 취소되긴 했지만, 1992년 9월에 방일 예정이 잡혔을 때에도 일본 측은 '두 섬뿐 아니라 압류된 네 섬 모두를!'이라며 위세를 높였었다. 잇따른 방일 취소에 전의를 상실했던 일본은 옐친의 방문이 실현된 것만으로도 무슨 큰 목적을 달성한 듯한 착각에 빠져버린 것일까.

결과적으로 일본은 의회를 무력으로 제압하여 민주주의를 추행한 최고 책임자의 내방을 환영함으로써 그 사건을 국제적으로 최초로 승인한 나라가 되어버렸다. 이는 단순한 우연의 결과일까, 아니면 역시 옐친은 책략가인가.

중매쟁이 말은 절반만 믿으라

"T는 그야말로 그림 같은 꽃미남이야. O는 또 얼마나 핸섬한지. 시간 있으면 같이 가보자꾸나."

내 말을 믿고 금요일 밤 파티에 같이 가게 된 U(U는 여성이다)가 허겁지겁 약속 장소로 뛰어왔다. T도 O도 와 있는데 U는 아직도 누군가를 기다리는 눈치다.

"아, 다들 와 있었네. 그럼 회장으로 들어가죠"라고 하자 U가 내 귀에다 대고 떨떠름한 얼굴로 말한다.

"다들 회장에서 만나기로 했나요?"

"아니, 다 모였잖아."

"예? 그림 같은 꽃미남과 핸섬한 남자가 어디 있는데요?"라며 불만인 표정이다.

T도 O도 보통 이상의 용모였는데 U에게는 통하지 않았나 보다. 물론 내가 과장을 섞어 설명하는 바람에 과도한 기대를 갖게 해버렸는지도 모른다. 항간의 '중매쟁이 말은 절반만 믿으라'는 말을 몸소 실천해버린 꼴이다. 이 실패의 교훈으로 다음번에는 반대로 해봤다.

"추남도 민족이나 시대에 따라서는 미남으로 통할 수도 있지? 하지만 어느 시대, 어느 민족이라도 역시 추남은 있잖아? 오늘 만날 N도 그런 부류니까 너무 놀라지 마'라며 미리 K에게 경고해두었다.

그러나 이 또한 대실패였다. N을 만나자마자 K는 "어머, 그렇게 추남은 아닌데요"라며 소리를 질러버린 것이다. 그러니 내가 N의 얼굴을 어떻게 마주볼 수 있었겠나.

사람의 용모를 말로 표현하는 것처럼 어려운 것도 없다.

"네 말만 들으면 이 세상에는 절세의 미남미녀 아니면 외면하고 싶어지는 추남추녀밖에 없는 것 같잖아"라고 내 빈곤한 묘사력을 지적당할 때가 있다. 주관적이지 않도록 시시콜콜한 것까지 묘사하다 보면 점점 설명이 희한해져 간다. 그러니 용모에 대해서는 아예 이러니저러니 말을 않는 것이 상책이다.

기대치는 낮을수록 좋다

그러고 보니, 통역 일을 시작하고 백 번 이상이나 붕괴 이전의 소련에 다녀왔다. 정말이지 여러 사상과 신념을 가진 사람들, 또 다양한 당파에 속한 사람들과 동행했다. 재미있는 것은 공산당계나 사회당계 사람들은 소련에 와 보고 실망하고, 자민당계 사람들은 "뭐야, 그렇게 나쁜 나라는 아닌 것 같은데"라며 소련에 대한 이미지가 달라진 다는 점이다. 기묘하지만 당연하다면 당연한 아이러니다. 인간의 판단이 사전에 형성된 이미지에 좌우된다는 것을 말해주는 좋은 예가 아닌가. 사전의 이미지에 묶여 이를 달리 보게 하는 현상이 눈에 들어오지 않는 폐해도 따른다. 하지만 이미 알고 있던 이미지와 다른 것을 만나면 신선한 충격과 함께 실제 이상의 인상을 받기도 한다.

이는 폴 포트파 등장 이전의 캄보디아 국왕이었던 시아누크 전하가, "우리나라 학생은 파리에 유학 가면 공산주의자가 되어 돌아오고 모스크바에 유학 가면 반反공산주의자가 되어 돌아온다"고 지적한 것과 통하는 진실이다.

1990년 여름, 처음으로 소련을 방문한 칼럼니스트 에노키도 이치로의 명언을 잊을 수가 없다.

"흔히들 '북의 위협'이라 해서 북에 온 줄 알았는데, 와 보니 남(개발도상국)이더라."

137

이는 일상적으로 일본과 소련을 왕복하는 나에게는 도저히 보이지 않는 진실이다. 선입견이야말로 발견의 전제조건이라는 증거다.

'선입견이나 편견을 버리고 마음을 비우고 보자'는 말을 쉽게 하는 사람이 있지만 이는 얼마나 힘든 일인가. 이것은 갓 태어난 아기가 맨 처음 겪는 경험에서나 가능하지 않을까.

인간의 기억용량에는 한계가 있으니 모든 현실을 있는 그대로 받아들여 저장한다면 하루 만에 펑크가 날 것이다. 뇌는 끊임없이 취사선택, 일반화, 보편화 작업을 의식적·무의식적으로 행하고 있다. 우리는 낡은 편견을 새로운 편견으로 끊임없이 수정해가면서 어떻게든 현실을 바라보려고 노력하는 존재인 것이다.

갓난아기처럼 천진무구한 마음으로 사물을 볼 수 있는 정신의 소유자는 모든 이가 바라마지 않는 이상적인 인간상이리라. 도스토예프스키는 『백치』에서 미쉬킨이라는 주인공을 통해 이를 구현해보려 했다. 하지만 미쉬킨은 사실상 다른 등장인물이 지닌 풍부한 리얼리티를 결국 갖지 못했다.

한편, 사전 기대치의 높낮이에 따라 평가가 좌우되는 인간 의식의 습성 덕분에 성공하는 사람도 산만큼 많다. 물론 실패한 사람도 바다만큼 많고.

패키지 여행 기획담당자의 말을 예로 들어보자. 서비스는 없는 거나 마찬가지요, 불결하고 불편하고 무뚝뚝한 나라에서 여행을 시작해서 점점 서비스가 좋은 선진국으로 이동하는 노선을 기획하면 참가자들의 최종 평가는 나쁘지 않단다. 장소를 옮길 때마다 좌변기가 있는 화장실에 감동하고, 수돗물이 제대로 나오는 데 감사하고, 더운 물까지 나오면 눈물이 날 지경에, 청소한 호텔방에 탄성을 지르면서 감동적인 여행을 만끽한다는 것이다.

점수가 짠 비평가들이 잘나가는 것도 같은 이유다. 언제나 아무것이나 칭찬하는 비평가에게는 칭찬받아도 별로 기쁘지 않지만 성격 고약하고 독설을 주된 무기로 하는 비평가에게 조금이라도 주목받으면, 아니 흠잡히지 않는 정도에도 하늘을 나는 기분이 드는 것이다.

전에 외환은행 인사 담당자에게 들은 얘기다. 스페인어권으로 부임해 갈 예정자를 스페인 본국에서 연수시키면 결국 실패하고 만단다. 대다수의 수료자들이 그 후 스페인보다 치안이 좋지 않고 생활환경도 떨어지는 중남미 여러 나라로 파견되면서 불만을 갖는다는 것이다. 연수지를 중남미 쪽 나라로 바꾼 후부터는 그런 불만이 없어졌다고 한다.

이렇게 인간의 평가나 판단은 늘 상대적이며 주관적이며 불안정한 것이니, 인류는 예로부터 어떤 확실하거나 객관적인 기준이 없을지 머리를 써왔다.

예를 들어, 사람들은 학업 성적이나 신장, 체중, 시력 등 모든 것을 수치화한다. 하지만 인간은 수치화된 평가조차도 다른 사람과 비교하려 든다.

이런 어쩔 수 없는 인간의 습성 탓에 일본에서는 '편차치'란 수식을 만들어냈다. 전국의 수험생들의 성적을 비교하여 수치화하는 어리석은 제도다(피난처가 점점 없어지는 아이들이 애처롭기만 하다).

혹은 기온은 어떤가. 10년 전쯤이던가. TBS 방송국 개국 기념 프로그램에 통역으로 동행하여 엄동의 시베리아를 2개월에 걸쳐 횡단한 적이 있다. 그중 한 달은 북반구 최저 기온대인 야쿠츠크(현 사하)공화국에서 지냈다. 당시 평균기온은 영하 50도.

감각으로 춥다는 느낌과는 아예 다르다. 아려서 피부를 노출시킬 수도 없다. 털모자를 뒤집어쓰고 눈만 내놓은 채 목도리를 칭칭 감는다. 그 위에 모피로 된 귀마개가 달린 모자를 쓰고 또 그 위에 외투에 달린 후드를 뒤집어쓴다. 유일하게 바깥 공기와 접하고 있는 눈동자 표면의 수분이 순식간에 얼어서 깜박거릴 때마다 셔벗이 생긴다.

최저온도 영하 59도를 경험한 이튿날, 기온이 영하 52도가 되자 취재진은 "와, 따뜻하다"라며 이구동성이다.

그 후 평균기온 영하 35도의 이르쿠츠크 시에 도착하

니 더워서 외투를 입고 있을 수도 없었다. 실제로 리포터는 스웨터 한 장만 입고 시내를 돌아다녀서 러시아인들이 머리가 어떻게 된 것 아니냐고 말했다.

놀라웠던 것은 엄동의 시베리아 상공을 나는 비행기였다. 기내 기온은 영하 22도. 승객도 승무원도 두꺼운 모피 외투를 껴입고 모피 모자까지 쓰고 있으니(이 풍경은 나름대로 장관이었다), 난방이 가동되기라도 하면 외투를 벗어둘 데가 없어 난처해진다. 어찌보면 비행기에서 내린 다음의 충격도 줄일 수 있고 에너지 절약도 되니 꽤나 합리적인 방법이다.

이렇게 의식뿐 아니라 우리 몸까지도 사전 체험과 비교해 상황을 파악하는 구조로 생겨먹었다. 수치화된 실제 기온과 체감온도는 이렇게나 다른 것이다.

아르바이트생이 아르바이트생을 소개할 때의 법칙

"어휴, 어쩌죠. 요네하라 씨."

소련 붕괴를 전후로 모스크바 취재 일로 친해진 TBS 방송국의 가네히라 기자가 모스크바 지국에서 내게 한숨을 쉬어 보인 적이 있다.

"야간에 텔레비전이나 통신사에서 들어오는 뉴스 중에

서 중요한 기사를 골라 번역하는 아르바이트를 고용했는데요······."

"아아, 모스크바대학 일본어과 학생 말이죠?"

"맞아요. 그 학생이 졸업시험이니 유학이니 취직이니 하며 일을 못할 때마다 다른 사람을 소개받고 있었어요."

"괜찮은 방법이네요. 그런데 무슨 문제라도 생겼나요?"

"사실 저는 '아르바이트생이 아르바이트생을 소개할 때의 법칙'을 발견했답니다. 소개하는 쪽은 반드시 자기보다 못한 사람을 데려온다는 사실이죠."

"흐흠, 그 친구들은 '평가는 비교에 의해 성립된다'는 진리를 잘 알고 있나 보네요. 이 기회를 빌려 말씀드리자면, 제가 가네히라 씨를 그렇게 깎아내리는 이유도 칭찬했을 때 더 기뻐하라는 노파심 때문이랍니다."

"하하하, 잘 알겠습니다. 하지만 아르바이트를 바꿀 때마다 질이 떨어지니 지금은 아주 곤란한 상황입니다."

웃으면서 그의 말을 듣고 있자니 내 경험이 떠올랐다.

처음으로 원자력 관계 기관 세미나의 통역이 들어왔을 때였다. 열심히 준비했건만 결과는 참담했다. 세미나 참가자들의 동정 어린 눈빛에 얼굴이 따가울 지경이었고, 업무가 끝난 후 의뢰 측은 "힘드셨죠. 수고하셨습니다"라는 한마디뿐이었다. 이제 두 번 다시 의뢰가 오지 않을 거라는 각오를 했을 정도다. 과연 다음 세미나에는 다른 통역사가 고용되었다. 그런데 그다음 세미나 때 다시 내게 의뢰가 들어왔다.

'어, 무슨 일이지? 사람이 없었나?' 하며 지난번에 실추된 명예를 회복하기 위해 필사적으로 공부했다. 하지만 아무리 벼락치기를 한들 지난번과 그리 달라진 것이 없었다. 그런데도 지난번에 비해 평가는 하늘과 땅 차이다. 물론 이번이 하늘.

거기서 알아챘던 것이다. 지난번에 내 후임으로 고용된 통역사가 나보다 더 별로였다는 것을.

그 후에도 같은 경험을 몇 번이나 했다. 앞서 했던 사람 또는 짝을 지어 통역한 사람이 신통치 않을 때, 그에 따라 내 평가가 올라간다는 사실을 말이다.

언젠가 "먼저 한 사람의 통역이 나쁘면 거짓말처럼 내가 편해져"라고 말했더니 재혼한 지 얼마 안 되는 친구가 무릎을 치며 맞장구를 쳤다.

"맞아, 맞아. 내 경우도 그래. 전처가 악처였나 봐. 그래서 내가 얼마나 편한지 몰라."

이미 옛날 말이지만, 일반적으로 유럽 남자와 일본 여자가 결혼하면 순조로운 경우가 많다고 한다. 전자는 여자에게, 후자는 남자에게 베푸는 데 익숙하지만 받는 데에는 익숙하지 않으니 자그마한 배려에도 감동하고 기뻐한단다. 통계가 없으니 진위는 알 수 없으나 꽤 설득력 있는 말이다.

아마도 통역사라면 누구나 조만간 이를 깨달을 것이다. 깨달음의 결과, 가네히라 씨가 말한 '아르바이트생이 아르바이트생을 소개할 때의 법칙'과 같은 짓을 하는 통역사도 있다. 자신의 대타나 파트너로 자기보다 실력이 많이 떨어지는 사람을 소개하는 것이다.

나 또한 그런 유혹에 넘어가고 싶었던 때가 얼마나 많았는지. 하지만 가까스로 이겨내곤 했다. 양심 때문이라기보다는 아직은 실력을 더 키우고 싶다는 욕심이 나에게 남아 있었기 때문이다. 나는 나 스스로 편한 쪽, 쉬운 쪽으로 가려는 습성을 지닌 인간이라고 자각하고 있다. 그러니 나 자신을 평가할 때 나보다 못한 사람과 비교하면 점수가 후해져 당연히 자기만족에 빠지고 결국은 퇴보할 게 뻔했다. 적어도 나보다 뛰어난 사람과 짝을 함으로써 게으른 심신을 채찍질하려는, 드물게 착실한 마음을 가져본다.

체호프는 말했다.

"아무리 좋은 여자도 형편없는 남자와 같이 있으면 형편없어진다."

행복해지는 법

사회적 상승 욕망이 강한 사람은 행복해지기 어렵다. 행복이란 자신을 지켜보는 다른 자신이 지금 나는 행복하다고 느끼는 마음 상태다. 만족을 어디에 두느냐에 따라 행복한 정도도 달라진다.

이미 10년도 더 지난 일인가 보다. 어느 신문사가 어린이날을 맞아 일본, 미국, 한국, 프랑스, 이집트, 소련 등 여섯 나라 어린이들의 의식조사를 했다. 그 결과, 일본 아이들이 현저하게 불행하다고 느끼며 자신에게 불만을 가지고 있다는 점이 인상적이었다. 그리고 한 가지 기준과 잣대로 학교·가정·사회가 아이들을 평가하는 잔인함에 충격을 받았다.

또, 일본과 중국 여자들의 의식을 조사한 결과, 일본 여자 80퍼센트가 체형에 불만을 가지고 있는 데 비해 중국 여자들 대부분은 만족하고 있었다. 그 이유는 이미 눈치 챘겠지만 일본 여성이 마음속에 그리는 이상적인 체형이 팔등신 서구인 타입이기 때문이다. 매스컴, 패션잡지, 백화점이나 옷가게의 마네킹까지 앞다투어 팔등신 서구형 체형을 집요하게 전시한 결과다. 최근 시장경제가 성난 파도처럼 중국에 파고 들어가고 있으니, 중국 여성들도 이런 미녀 타입에 세뇌당할 날이 머지않았는지 모른다.

하지만 외국어 학습법에서 이런 스테레오 타입을 세뇌하는 방법은 참으로 효과적이다. 지금 말하고 있는 것이 음운, 어휘, 형태, 문법 면에서 적절한지 아닌지, 머릿속의 정확한 패턴이 있어야만 비로소 바르게 판단할 수 있기 때문이다. 모국어를 구사할 때도 우리는 무의식적으로 머릿속에 입력된 패턴과 비교한다. 나쁜 발음이나 같은 실수를 언제까지나 되풀이하는 사람은 이미 갖고 있는 패턴에 문제가 있기 때문일 것이다.

얼마나 정확한 패턴을 많이, 그리고 빨리 익히느냐 하는가가 외국어 학습의 질을 결정한다. 지겹도록 들었겠지만, "좋은 문장을 쓰려면 좋은 문장을 많이 읽어라" 혹은 "사물을 보는 안목을 키우려면 좋은 것을 많이 보라"는 말은 좋은 패턴을 뇌에 입력하라는 교훈이다.

노력에 따라 개선의 여지가 있는 분야에서는 이상형을 취하고, 용모나 나이 등 노력의 여지가 없는 분야에서는 쓸데없이 이상형을 품지 말 것. 이것이 행복해지는 방법이 아닐까.

맹꽁이들

마닐라의 스위스인

스위스에서 어느 정도 이름난 저널리스트인 프리드만 바투Friedemann Bartu는 『추악한 일본인』국내 번역본: 김순호 옮김, 이목, 1995년 출간이라는 책에서, 일본인의 행동양식을 '무사도 정신'으로 해석하고 있다.

그는 "무사계급의 행동규범이 현대 일본의 대표적인 사회계층인 비즈니스맨 사회로 시대를 넘어 아직도 계승되고 있다"라고 주장한 국제기독교대학의 스즈키 노리히코 교수의 말을 인용하면서 "무사도 정신과 그 행동양식의 근간을 이루는 것은 주군을 위한 자기희생이다. (…) 싸우는 목적은 적을 넘어뜨리는 것이라기보다 주군의 명령에 대신 죽을 수도 있다는, 주군과 자신의 관계를 성립하는 것이다"라고 쓰고 있다.

저자는 이 주군이 기업이나 직속 상사로 변모한 것이 현대 일본의 기업 전사戰士라고 잘라 말한다. 그는 일본인이 얼마나 직업정신에 투철하고 업무를 우선시하며, 필요에 따라서는 자신의 생명조차 희생하는지에 대한 논지를 전개하면서 자신이 마닐라 일본대사관에서 만났던 Y를 예로 든다.

실명까지 거론되며 찬사를 받은 Y(그는 엘리트 관료 이미지와는 완전히 반대되는 인물이다. 사고가 유연하며 '왕' 자를 붙일 만큼 미남이다. 결코 사무라이 타입은 아니다)는 의아한 표정이다. 확실히 그 저널리스트가 취재하러 오긴 했지만 별스런 말도 나누지 않았고 그냥 인사치레 정도의 대화만 했을 뿐인데, 무엇을 가지고 그런 엄청난 결론을 이끌어냈는지 모르겠다고 했다.

바투는 본문 중에서 다음과 같은 일화를 소개하고 있다. 대화 도중 마닐라를 통째로 뒤흔드는 큰 지진이 있었는데 Y를 비롯한 일본인 스태프들의 경우, "유유자적해 보였다. 너무나도 아무렇지도 않은 듯이 행동하기에 오히려 부아가 치밀었다"라는 것이다.

이에 대해서 Y는 "아아, 그러고 보니 대화 도중에 그런 일이 있었지, 참. 그런데 그건 지진이라고 할 수도 없었어요. 약한 미동이 잠시 있었을 뿐이에요"라고 반응했다.

Y는 아무렇지도 않은 듯 그냥 앉아 있었지만 스위스

기자는 얼굴이 경직되더니 벌떡 일어서서는 사무실이 있는 5층에서 정원까지 단숨에 뛰어내려가, 정원수 속에 한참 숨어 있다가 돌아왔다는 것이다.

그런데 또 지진이 왔다. Y는 역시 움직이지 않았고 스위스인은 또 똑같이 행동했다. 결국 같은 행동을 세 번이나 되풀이했다.

아마도 이 스위스인 기자는 중부나 북부 유럽 지역에 살고 있는 대다수 사람들이 그렇듯 자신이 서 있는 대지가 진동하는 것을 겪어본 적이 없었으리라. 그러니 그런 일을 당하자, 꼭 죽을 것만 같았을 것이다. 그의 정신적인 공황상태가 책에서도 전해졌다.

필리핀 군도만큼이나 지진이 잦은 열도에서 태어나 자란 사람에게 미진微震 정도는 산들바람이나 가랑비 정도요, 놀랄 것도 무서워할 것도 아닌 하나의 기후현상에 불과하다. 일본인이라면 정도의 차이는 있을지언정 아마도 Y와 같은 행동을 취했을 것이다.

그러나 스위스인 저널리스트는 전혀 당황하지 않고 평상시와 마찬가지로 태연하게 그 '공포의 흔들림'을 견뎌내는 외교관 Y의 모습에서 강렬한 인상을 받았던 것이다. 아마도 그의 머릿속에는 미리 입력된 이미지가 있었으리라. 개미나 벌에 비유되는 일 중독자이자, 집단에 강렬한 귀속의식을 지닌 일본인관이 말이다. 그래서 그 스위스인의 눈에는 Y가, 직무에 충성하기 위해 위험이 닥칠지언정 자기 일을 결코 내팽개치지 않는 전형적인 일본인으로 비친 것 같다.

이런 의식의 습성을 일러 일본 속담에서는 "게는 게 껍질에 맞추어 구멍을 판다"라고 하고, 러시아에서는 "제 머리 높이보다 높이 뛰지 못하는 녀석"이라 한다. 처음 맞닥뜨리는 일을 자기의 경험에 비추어 행동하려는 의식회로를 일컫는 말이다.

나 또한 늘 이런 습성 탓에 낭패를 본다. 나야 낭패를 봐도 별 문제가 없고 폐를 끼치는 범위도 뻔하지만, 지위나 처한 상황에 따라서는 막대한 피해나 비참한 결과를 낳을 수 있다. 또 때에 따라서는 포복절도할 희극이 벌어질 수도 있다.

아편전쟁에서 패배한 청나라 고관들이 영국과 조약을 맺으러 나간 자리에서 있었던 일이다. 그들은 영국 관료들이 제 의자를 회담 탁자 앞으로 직접 나르는 것을 보고, "뭐야, 아랫것들이 나왔어?"라며 상대방을 업신여겼다고 한다. 청나라에서 그런 일은 신분이 낮은 사람들이 하는 천한 일이고, 지엄하신 고관님께서는 그따위 일을 해서는 안 되는 것으로 여겼기 때문이다.

이런 교만으로 인해, 청나라 고관들은 상대방에게 허점을 보였고 가뜩이나 기운 청나라의 국운을 쇠퇴시켰다.

제국 열강들과 맺은 불평등조약의 표본이 된 난징南京조약으로 이어진 것이다.

도쿄의 이탈리아인

엔화 환율이 높아질수록 일본의 산업구조는 불안정해진다. 때문에 대기업뿐 아니라 중소기업까지 너도나도 생산부문을 해외로 이전해 나가거나 외국 기업을 인수하였다. 의류업계에서 중견급인 T사도 이탈리아 의류 브랜드를 인수하여 산하에 두게 되었다.

그 이탈리아 회사 중역들이 본사 사장을 예방하러 왔을 때의 일이다. 사장은 환영한답시고 자신이 좋아하는 기슈 지방의 우메보시를 내오며 권했다.

"이건 내가 좋아 죽고 못 사는 겁니다. 한 알에 500엔씩이나 하는 거라우. 자자, 어서 들어보시죠."

이탈리아인으로서는 자그만 접시에 얹혀 나온 우메보시라는 빨간 덩어리를 난생처음 보는 것이니만큼 희한하고 기분 나쁘다. 하지만 본사 사장이 권하는 것이라 거절할 수도 없다. '에라, 먹고 보자'고 결심은 했지만 도대체 이걸 어떻게 먹으라는 건가.

망설이고 있는 사이에 사장은 그 자그만 접시를 덥썩

집어 입으로 가져갔다. 그러고는 혀끝으로 우메보시를 날름날름 굴리더니 접시를 기울여 입안으로 쏙 굴려 넣었다.

이탈리아 중역들도 방금 본 대로 접시를 덥썩 집어 입가에 갖다 대고 혀끝으로 우메보시를 건드린 후, 입에 굴려 넣었다. 일거수일투족을 사장이 한 대로 따라했다. 접시를 기울여 우메보시를 입안에 넣은 후에 사장이 보인 황홀한 표정과 이탈리아인의 비통한 표정은 남 보기에는 쏙 닮았다.

이제 씨만 남았는데, 사장은 한참 동안 그것을 입안에서 굴리면서 놀았다. 그러고는 큰 결심이라도 한 듯이 다시 작은 접시를 입가에 대고는 입술을 쑥 내밀어 씨를 또르륵 뱉어냈다. 입속에 남은 씹히지 않는 덩어리를 삼켜야 하나 뱉어야 하나 울상을 짓던 이탈리아 중역들은 이제야 살았다 싶은 얼굴로 작은 접시에다 또르륵 또르륵 씨를 뱉어댔다.

자기가 맛있다고 남도 맛있을 거라고 믿어 의심치 않는 사람들은 내 주위에도 흔하디흔하다. 이런 종류의 믿음에는 100퍼센트 선의가 깔려 있다는 점에서 더욱 골치 아프다.

하지만 하루 세 끼 고기를 먹어대고 더없이 사냥을 즐기는 주제에 고래를 잡으면 불쌍하다며 히스테릭하게 고래잡이 반대 캠페인을 벌이는 나라 사람들에 비하면, 경험을 절대화하는 병에 걸린 환자치고는 꽤 가벼운 증상이다. 오히려 귀여워 보이기까지 하는 것은 팔이 안으로 굽어서일까.

모스크바의 미국인

1992년 6월, 소련이 붕괴된 지 막 1년이 될 무렵이었다. 일본의 주요 신문사, 하버드대학교, 러시아 정부의 싱크탱크인 세계경제국제관계연구소 공동개최로 러시아 경제개혁에 관한 심포지엄이 모스크바에서 열렸다.

"삭스 선생님께서는 폴란드 정부와 볼리비아 정부의 경제고문을 역임하셨다기에 폴란드 정부에 문의해봤지요. 그런데 그런 사람을 고용한 적이 없다는 답이 왔습니다."

발언자의 태도는 정중했지만 단상의 주역인 제프리 삭스 교수를 깎아내리려는 의도가 역력했다.

단상의 사회자가 허둥지둥 적당히 얼버무리려 해보았으나 헛일이었다. 회의장을 메운 대다수 러시아인들의 호응을 얻은 발언자는 용기백배했다.

"볼리비아 정부는 IMF(국제통화기금)와 선생님의 처방전을 채택한 모양이지만 그 결과는 어땠습니까? 도시 노동자를 산악지대로 강제 이주시켜 대마를 만들게 하고는 그걸 국제 마약 루트에 올려서 빚 갚는 데 쓰게 했다면서 요. 결국 IMF란 것은 빛 좋은 개살구, 실상은 고리대금업자 아닌가요. 그 나라 체제가 민주주의건 독재건 문제는 빚만 갚으면 된다는 식 아닙니까."

삭스 교수는 단상 위에서 팔짱을 낀 채 분하다는 듯이 듣고 있었다. 그는 러시아 정부의 경제고문으로 취임했고, 가이다르 총리대행을 비롯한 자신의 충직한 제자들 또한 경제관료 직무 대부분을 차지하고 있던 터였다. IMF와 삭스 교수가 권하는 개혁방식은 그해 1월 2일부터 실시되고 있었다. 소위 충격요법으로 물가 자유화에 재정지출 대폭 삭감, 단번에 통화공급을 축소하려는 과격한 체제 전환 방식이었다.

"미국은 오랫동안 숙적이던 러시아를 납작하게 누르고 두 번 다시 일어서지 못하도록 하기 위해 삭스 교수를 파견한 게 아닐까."

이렇게 비아냥대는 일본 학자(모리모토 타다오 토레이경영연구소 전 고문 등)도 있을 정도로 이 방식은 러시아 경제와 국민생활에 큰 타격을 가져왔다. 빈부격차가 급격히 벌어졌고 생산부문 대다수가 무너졌다.

발언자의 비꼰 말투에서 노여움과 슬픔을 간신히 참고 있는 듯한 자제심이 느껴져, 동시통역하고 있는 나조차도 안쓰러웠다.

"하지만 누가 뭐래도 천하의 삭스 선생님 아닙니까. 그런데 IMF는 아프리카의 케냐며 동구 폴란드, 남미 볼리비아에 우리 러시아에까지 어째서 그렇게 똑같은 처방전을 내리는지요. 어째서 그렇게도 난폭하게 각 나라 사정, 역사·문화적 배경, 민족적 특징을 무시할 수 있는 거죠?"

이 질문에 대한 삭스 교수의 대답은 들을 수 없었다. 이미 다른 스케줄이 있다며 단상에서 자취를 감추었기 때문이다.

이 시점에서 반년이 지난 같은 해 11월, 나는 러시아에서 내로라하는 기업이 모인 러시아기업가동맹본부의 만찬회에서 통역을 하고 있었다. 동맹 서기장이 자리에서 벌떡 일어서더니, "여러분! 드디어 기다리고 기다리던 날이 왔습니다. 이렇게 기쁜 날이 또 있을까요. 삭스가 러시아 정부 경제고문에서 해임되었습니다!"라고 발표했다. 그러자 당장에 "만세!"와 함께 우레와 같은 박수가 일더니 곧이어 샴페인 병마개가 여기저기서 튀고, 쨍하고 잔을 부딪치는 소리가 한동안 그치지 않았다.

국민과 의회의 분노가 폭발하기 직전에 드디어 옐친 대통령이 삭스를 해임했던 것이다. 곧이어 다음 달 12월, 삭스 교수의 충복인 가이다르 총리대행도 해임되었다.

이리하여 IMF가 자화자찬하던 충격요법은 러시아에서는 완전한 실패를 맛보았다. 상대적으로 성공했다는 폴란

드에서조차 구 공산세력의 복권을 초래했을 정도로 국민
들에게는 반감을 샀다.

구舊 유고 내전의 방아쇠

이와타 마사유키岩礬田昌征의 『유고슬라비아: 충돌하는
역사와 항쟁하는 문명』에 따르면, 1990년 이런 충격요법
으로 급격한 체제 전환 방식을 시도한 구 유고는 수렁으
로 빠져들었을 뿐 아니라 더 이상 평화를 회복할 수조차
없는 민족 간 전쟁의 방아쇠를 당기게 되었다고 지적한
다. 이 책은 구 유고의 다민족 전쟁에 대한 책 중에서 가
장 실정에 밝을 뿐 아니라, 참신한 시각과 설득력이 돋보
여 흥미로웠다. 거기서 일부분을 발췌해본다.

폴란드처럼 거의가 단일민족이요, (유일한 국어인) 폴란
드어를 말하고 폴란드 역사를 공유하며, (국민의 85퍼센트
이상이 신자인) 강력한 가톨릭 교회의 네트워크, '연대'에
기반한 사회운동, 카리스마를 자랑하는 바웬사 대통령이
있고, 더욱이 전 세계 10억 가톨릭 교도의 정상인 로마 교
황 자리에 폴란드인을 앉히는 등 드문 구심력과 쇼크 완충
지대를 갖춘 사회조차도 충격요법으로 인한 체제 전환은

심각한 사회불안을 초래했다고 하지 않을 수 없다. (괄호는 인용자)

구 유고는 세르비아, 보스니아 헤르체고비나, 슬로베니아, 크로아티아, 마케도니아, 몬테네그로의 6개국으로 형성된 공화국 연방으로 알바니아계 주민이 80퍼센트를 차지하는 코소보 자치주와, 헝가리계를 비롯한 20퍼센트 이상의 여러 민족이 섞여 사는 보이보디나 자치주로 구성되었다. 남 슬라브족인 세르비아인, 보스니아인, 터키인, 슬로베니아인, 크로아티아인, 마케도니아인, 몬테네그로인, 게다가 알바니아인과 루테니아인, 집시, 유대인, 이탈리아인 들이 복잡하게 얽히고설킨 다민족 국가요, 언어도 민족의 수만큼 다양하다. 각기 민족의 역사도 모두 달랐고 피해자 대 가해자의 관계도 복잡하게 얽혀 있다(도통 이해할 수 없는 이 나라의 역사적 배경과 속사정을 알 수 있는 좋은 안내서가 있다. 만화의 제왕 데즈카 오사무의 수제자 사카구치 히사시坂口尚의 『돌꽃』이다. 제2차 세계대전 중 유고를 무대로 한 내전과 독일에 대항한 레지스탕스를 담담하게 그린 책으로 만화이긴 하지만 5권짜리 대작으로 역사학자며 유고 전문가들까지 입을 모아 칭찬해 마지않는다. 역사 고증뿐 아니라 무엇보다 격동기를 살아간 사람들의 모습이 잘 그려져 있다).

종교만 봐도 정교(이 또한 세르비아 정교와 마케도니아 정교로 나뉜다), 가톨릭, 이슬람교가 있다. 독일에 대항한 레지스탕스의 영웅이자 유고 연방을 세우고 유고의 각 민족을 결집하는 상징이었던 종신 대통령 '티토'의 카리스마도 더 이상 존재하지 않았다. 이렇듯 "폴란드처럼 좋은 조건을 전혀 갖추지 못했을뿐더러 정반대로 악조건뿐인 곳에서 충격요법을 감행했던 것이다."

"폴란드의 경우, 실업자는 제로에서 급증했고 구직 상황도 불안했으나 신선한 사회적 경험 차원에서 시작할 수 있었다. 하지만 유고의 경우, 이미 장기적으로 10퍼센트도 넘던 실업률이 충격요법으로 더욱 증가했을 뿐 아니라 이미 몇 년째 구직 활동을 하던 청년층은 희망조차 상실했다. 마르크스 경제학이 산업예비군이라 칭하는, 눈곱만큼의 사회적 기능조차도 기대할 수 없는 청년 룸펜 집단이 나타났다."

이에 대해 이와타는 묻고 있다.

"제대로 된 직업을 가진 청년들이 (야심에 찬 민족주의 정치가들이 모으는) 사병 조직에 가담했을까, 총을 들고 동포를 죽이려 했을까."

지금 시점에서 자본주의의 선진국이라 칭하는 나라들, 즉 G7에 얼굴을 내미는 나라들의 내력을 살펴보면, 세상에 무슨 낯짝으로 개발도상국에 자유니 인권이니 민주주의를 외칠 수 있나 싶다. 그들은 잔학하고 비열한 방법으로 자국 내 약자와 개발도상국의 부를 약탈하여, 일정 계층이 자본(토지, 건물, 설비, 자금)을 집중 축적하게 했다. 이른바 '본원적 축적'이다.

예를 들어 영국은 인도인을 노예처럼 혹사시켜 생산한 아편을 청나라에 밀매하였고 청나라의 경제와 사회를 파탄에 빠뜨려가며 은을 긁어모았다. 이에 대항하여 청나라가 수출 금지 조치를 내리자 청나라를 착취하고 약탈하기 위해 압도적인 무력을 앞세워 아편전쟁을 일으켰고, 합법적으로 불평등 조약까지 맺었다. 영국은 진정 자본주의의 대선배다. 이렇게 '세련'된 자본주의 나라가 되기까지 장장 500년이나 걸렸다.

또 아직도 남태평양에 식민지를 거느리고 있고, 거기서 태연하게 핵실험을 하면서 안전하고 무해하다고 떠벌리는 프랑스, 원주민을 뿌리째 뽑으려고 살육행위를 저지르고 그 토지와 부를 빼앗았으며 아프리카에서 강제 이송한 흑인 노예를 착취하여 사회 인프라를 정비한 미국도 지금의 '세련'된 자본주의 나라가 되기까지 200년 이상 걸렸다.

그 뒤를 따르는 독일, 이탈리아, 일본은 불과 100년이 걸렸으니 선배들을 쫓아가려고 상당히 무리를 한 셈이다. 독일과 이탈리아의 파시즘, 일본 군국주의의 광기 뒤에는 후발 국가의 초조함이 자리잡고 있다.

이렇게나 시간이 걸리는 일을 사회주의 체제가 붕괴한 나라들에서 10~20년 만에 행하려 들다니……. 상황이 이렇다 보니 지금까지 '사회적 소유'나 '전인민적 소유'로 여겨진 부를 사유화하는 몫 나누기 경쟁이 시작되었다. 게다가 '충격요법에 의한 체제 전환, 즉 자본주의 형성의 핵심은,·생산수단이나 자본의 급격한 사유화다. 여기에다 개인 또는 민족들 사이에 사회적 축적, 즉 국부를 서로 차지하려는 양상이 갑자기 전개되었다.

단 한 번의 사유화 게임에서 재미를 본 개인이나 민족은 보다 큰 자산을 소유한 오너가 될 수 있다. 하지만 제대로 재미를 못 본 사람이나 민족은 전자에게 고용될 수밖에 없는 임금노동자, 임금노동 민족이 된다. 이는 계급투쟁이 아니라 계급 형성 투쟁이다. 잘해야 제로섬 게임이요, 통상적으로는 마이너스섬 게임이다. 모두의 마음속에 자신 또는 자신이 속한 민족이 단 한 번밖에 없는 게임에서 지게 될지도 모른다는 불안감이 급격히 커진다. 또한 타인이나 타민족은 혹시나 비겁한 수단을 쓰는 게 아닌가 하는 불신도 순식간에 퍼져 사람들을 괴롭힌다.'

온난한 기후와 비옥한 대지, 아름다운 지중해 연안의 작은 나라가 어째서 솜털에도 신경을 곤두세울 만큼 엄청난 민족정화에 나선 것일까. 비非스탈린형 사회주의를 모색해온 유고 연방이 어째서 붕괴했으며 서로 파괴하고 살육하는 지경에 빠졌을까. 이 수수께끼를 이와타는 꼼꼼하고도 대담하게 풀어주고 있다.

물론 아직도 분쟁의 늪에 발을 담그고 있는 원인이 IMF의 충격요법이라는 맹꽁이 같은 처방전 때문만은 아니다. 이상적으로 보였던 '자주관리 노동조합'이 '자본 대 노동'이라는 모순을 해소하기는커녕 내재화한 결과, 더욱 암울한 상태에 이르렀던 것이다. 연방 말기, 동료 살상조차도 서슴지 않았던 실정과 티토 시대에는 민족 간에 맺힌 원한이 첨예화된 과정 등 불행에 불행이 겹쳐 생긴 사태라는 것을 이와타는 지적한다. 아무튼 충격요법을 강요한 것이 내전으로 시작된 다민족전쟁의 방아쇠 역할을 한 것만은 분명한 것 같다.

무지한 오만, 편협한 경험주의

좁은 시야, 오만한 강요, 무지하고 자만에 가득 찬 독선, 다른 문화나 역사적 배경에 대해 믿을 수 없을 정도로 빈곤한 상상력, 이런 사고가 얼마나 골치 아픈 것인지. 게다가 이런 정신의 소유자가 강력한 무기를 갖고 있다면 그야말로 큰 비극이다.

이런 시각이 낳은 비극을 엿볼 기회가 있었다.

앞서 말한, 모스크바에서 열린 러시아 경제개혁에 관한 심포지엄 협의 때의 일이다.

참석한 일본 학자며 전문가들은 모두가 영어에 능통했고 또 대다수는 러시아어 문헌을 읽을 줄도 알았다. 러시아 학자와 전문가들 또한 영어를 할 줄 알았고 대다수가 일어도 구사했다. 하지만 삭스 교수를 비롯한 미국 쪽 참가자는 『일등 일본Japan as No.1』의 저자 에즈라 보겔Ezra Vogel을 제외하면 러시아어, 일어 할 것 없이 배우려고 든 적도 없는 눈치다. 게다가 그걸 부끄러워하기는커녕 다른 나라 사람들이 영어를 할 줄 아는 것이 당연하다는 태도다.

어느 언어라도 다른 나라 말로 번역된 정보는 그 언어가 짊어진 정보량의 수백 분의 일, 아니 수천 분의 일도 안 된다. 즉 한 언어를 아느냐 모르느냐에 따라 그 사람의 정보량은 전혀 달라질 수 있는 것이다.

게다가 어느 언어든 그 언어 특유의 발상법이랄까, 세계관을 내포하고 있다.

영어나 프랑스어 등 '국제어'를 모국어로 삼고 있는 사람들은 그 언어가 '국제어'가 된 배경에 많은 식민지를 거느렸다는 피비린내 나는 과거를 등에 짊어지긴 했지만, 그 통용 범위가 넓다는 점에서는 행복하다.

그러나 '국제어'가 모국어인 국민은 그 외의 언어를 배우려는 의욕이 약하다. 실제로 상당한 지식인 계층에서

조차 외국어를 배우지 않는 사람이 많다. 또 배워보려 한들 '동급'의 국제어에나 구미가 당기나 보다. 하지만 그 국제어 또한 전 세계의 제국주의적 분할에 제일 먼저 뛰어든, 같은 기독교 문명권의 언어들이며, 따라서 지구상의 다양한 문명을 반영하지 못한다. 이는 그들 정신을, 특히 다른 발상법이나 상식에 대한 상상력을 빈약하게 한다. 이런 의미에서는 불행하다. 그런데 그 불행이 그들만의 불행이 아니라는 점이 더 큰 불행이다.

그러고 보니 고래를 먹는 건 야만이며, 그물을 망가뜨리는 돌고래를 죽이는 일본 어민을 잔학하다고 매도하는 절대다수는 국제어인 영어를 모국어로 하는 사람들이다. 이것도 우연일까.

유고 분쟁 해결을 위한 비책

이리하여 '선진 제국'은 충격요법을 강요해 구 유고 내전의 방아쇠를 당겼을 뿐 아니라 내전 개입과 간섭으로 그 해결을 더 어렵게 했다. 나중에 와서야, 당시 정책 결정에 관계한 미국의 책임자(조지 케니George Kenney, 전 국무부 유고슬라비아 부차장)가 〈아사히신문〉 인터뷰에서 "보스니아, 크로아티아 승인은 시기상조였다", "세르비아 하나만 비난한 것은 잘못이었다"라고 답했다.

유엔 사무총장 갈리는 "개입은 시기상조였다"라며 NATO(북대서양조약기구)에 뒷일을 미루고, 사실상 철수한다고 선언했다.

냉전 종결 후 그 존재 가치를 잃어가던 NATO는 마침 때가 왔다는 듯이 나섰다. 하지만 그때까지의 어리석은 경험에서 전혀 교훈을 얻지 못했던 모양이다.

특히 이해할 수 없는 것은 어째서 그렇게 집요하게 세르비아인 세력권만 공습했나 하는 점이다. 그 하늘 아래서 생활하는 사람들을 생각하면 가슴이 저리다.

정말 해결할 마음이 있다면 외세는 일제히 손을 떼야 한다. 폭격기로 폭격을 하는 것이 아니라 구 유고 내 모든 민족의 말로 쓰인 전단을 하늘에서 뿌리는 게 어떨까. 전단에는 이렇게 쓰는 게 좋겠다.

"부디 원도 한도 없이 마지막 한 사람이 남을 때까지 서로 싸워 주세요. 그 뒤에 남을 빈 땅에 대해서는 염려 마시고요. 유럽에는 영토가 부족하다고 느끼는 나라들이 얼마나 많은지 몰라요."

맛에 대한 편견

로마의 중국인

개인적인 일이라 말하기 쑥스럽지만, 내 여동생은 이탈리아에서 3년 정도 요리 공부를 했다. 동생이 어느 날 로마에서 베니스로 가는 비행기 안에서 인민복(일명 마오쩌둥 패션) 차림의 일행을 만났다. 때는 마침 로마에서 세계식량계획 회합이 열린 직후였고, 그들은 거기에 참석한 중국대표단으로 보였다.

오랫동안 유럽에 살다 보면 서양인과 다른 동양인 고유의 외모나 행동거지가 그리워지니 동양인을 만나면 무조건 기쁘다. 공항에서 일행을 만난 후부터 실례인 줄 알면서도 동생의 시선은 어쩔 수 없이 그리로 간다. 중국인 쪽도 같은 동양인 피가 흐르는 묘령의 여자에게 신경이 쓰이는지 힐끗거리는 시선이 이쪽에서도 느껴진다.

그런데 비행기를 타고 보니 그들 중 한 사람이 옆자리에 앉은 것이 아닌가. 당장 영어, 이탈리아어로 말해보았지만 통하지 않는다. 당연한 귀결로 필담이 시작되었다. 한자는 동아시아권의 국제어인 것이다.

우선 '어디서 왔느냐'는 질문으로 시작해, 동생이 '日本, 東京'이라 적자, 상대는 '四川省'이라 적는다. 동생이 조건반사적으로 "와, 마파두부!" 하고 외치며 '麻婆豆腐'라고 적었다. 그러자 차분해 보이던 쓰촨성 아저씨는 갑자기 얼굴을 확 펴더니 몸을 흔들며 기쁨의 외마디를 질렀다.

"워어, 마파두부 마파두부!"

이리도 기뻐하리라고는 미처 예상하지 못했던 동생은 무슨 다른 쓰촨 요리가 없나 싶어 필사적으로 생각을 모았지만 떠오르지 않았다. 할 수 없이 덩달아, "우워, 마파두부 마파두부!" 하고 함께 소리를 질렀단다.

그러던 중 아저씨는 무슨 생각을 했는지 불쑥 일어서더니 기내 뒤편으로 뛰듯이 가버렸다. 화장실에 가나 싶었는데 멀찌감치에서 소리가 들린다.

"마파두부, 마파두부!"

아마도 아저씨는 같은 고향 사람들에게 가서 옆자리의 일본 여자가 고향 요리인 마파두부를 알고 있더라고 보고를 한 모양이었다. 잠시 있자니 아저씨는 두 사람을 데리고 다시 동생에게로 왔다. 같이 온 사람들이 만면에 미소를 띠고 악수를 청했다.

"오오, 마파두부 마파두부!"

물론 동생도 손을 되잡아주며 "오오, 마파두부 마파두부!" 하고 응했다. 로마에서 베니스까지 꼬박 한 시간을 이 마파두부 하나로 버텼단다.

내셔널리즘이나 애국심이라 이름 붙은 의식 밑에 자리한 가장 원초적인 감정은, 아마도 인간이라면 누구나 가지고 있는 고향과 환경에 대한 애착이리라. 어려서부터 익숙한 음식은 사람을 그답게 해주는 요소의 하나이자 자아의 일부분이 아닐까. 그러니 남이 자기 고향 음식을 칭찬해주면 마치 어머니 칭찬이라도 듣는 듯이 자랑스럽고 기쁘며, 혹여 누가 흉을 보면 그렇게 가슴이 아픈가 보다.

사막의 중국인

NHK 방송국의 역사적인 명프로그램 〈실크로드〉 시리즈 중에 잊지 못할 장면이 있다. 이미 10년도 지난 일이니 기억이 희미하지만 촬영팀이 사막 속 전설의 호수를 찾아 나선 프로그램이었다. 안내는 중국 인민군 병사들이 맡았다.

모래바람 때문에 눈앞이 안 보이는 곳을 몇 주일이나 전진해 갔다. 인민군 병사들도 촬영팀도 낙타도 짐도, 그 모든 것이 모래를 뒤집어써서 희뿌옇게 되었다. 눈 속, 콧속, 귓속, 입속, 옷 속, 갖은 틈새로 스며드는 모래, 모래, 모래……. 건조시켜 가져온 비상식량으로 버텨온 지도 이미 오래였다.

그러던 중, 사슴 한 마리가 일행 앞을 지나쳤다. 당장에 인민군 병사가 활을 쏘아 보란 듯이 명중시켰다. 그러자 이 순간을 기다렸다는 듯이 누구는 칼을 갈고 누구는 불을 피워 냄비에 물을 끓인다. 모두 손발이 척척 맞는다.

사막 한가운데, 남자들만의 집단. 이럴 때 보통은 통째로 굽든지 나베(냄비) 요리 정도를 하지 않을까. 그런데 이들은 밀가루에 물을 붓고 공들여 푼다. 한쪽에서는 땅땅땅땅 규칙적인 칼 소리의 리듬을 타며 사슴 고기를 잘게 다진다. 순식간에 반죽한 밀가루를 동글납작하게 만들더니 방금 다진 사슴고기를 넣는다.

그렇다. 내 눈을 의심했지만, 그들이 물 끓는 냄비 속에 던져 넣던 것은 다름 아닌 만두였던 것이다.

아아, 중국 4000년의 역사. 요리는 생활 습관을 이루는 의미에서 문화이며 민족을 드러내는 징표라는 사실을, 이 장면을 봤을 때만큼 강렬하게 느낀 적이 없었다.

지구상에는 정말 다양한 민족이 살고 있지만 이런 상

황에서 만두처럼 손 가는 요리를 하려 드는 민족이 중국인 말고 또 있을까.

어린 시절, 우리 이웃에는 전후 만주에서 철수해온 사람들이 모여 사는 연립주택이 있었다. 설이 가까워지면 그곳의 부인들은 집집마다 돌아가며 한집에 모여서 만두를 빚었다. 만든 만두는 비닐봉지에 넣어 냉동고에 보관했다.

설에 손님이 오면 얼려둔 만두를 꺼내 끓는 물 속에 넣기만 하면 되니 부녀자들도 이때만은 부엌일에서 해방되었다. 그 만두가 얼마나 맛있었는지 나는 일부러 핑곗거리를 만들어 찾아가서는 자주 만두를 얻어먹곤 했다.

그들 중국 동북 지역에서 나고 자란 사람들에게는, 타국에서 설을 맞이하여 가족이며 고향의 맛을 떠올릴 때 맨 먼저 떠오르는 음식이 아마도 만두였으리라.

베이징 – 모스크바 국제 열차 여행

만두 하니까 생각난다. 〈베이징에서 모스크바까지 9000킬로미터, 만두의 뿌리를 찾아서〉라는 텔레비전 프로그램 취재에 통역으로 동행한 적이 있다는 것은 앞에서도 말했다.

1983년 여름, TBS 텔레비전이 기획한 여행 프로그램으로, 한 달에 걸쳐 베이징→셴양→창춘→하얼빈→만저우리→페트로프스크자바이칼스키→이르쿠츠크→노보시비르스크→야로슬라블→모스크바의 여정을 철로를 따라 도중하차하면서 그 지방 향토 요리와 함께 반드시 만두를 먹어본다는 취지였다.

아침 점심 저녁, 끼니마다 맛보는 다채로운 음식의 맛에 압도 되어 '하늘엔 별이 빛나고 땅에는 꽃이 피고, 이탈리아인은 노래하고 러시아인은 춤을 춘다'라는 명구에 '중국인은 요리한다'라고 덧붙이고 싶을 정도였다. 중국인이 지식과 재능, 에너지와 정열을 최대한 발휘하는 분야는 음악도 그림도 춤도 연극도 아니다. 틀림없이 요리일 것이다. 베이징에서 모스크바로 가는 국제 열차 안에서 이 생각이 더욱 굳었다.

소련령蘇에 들어가면 열차 바퀴의 폭이 넓어진다. 따라서 중국 측 만저우리, 소련 측 자바이칼이라는 두 국경 지역에서 크레인으로 열차 몸통을 올린 다음 바퀴를 갈아 끼워야 한다. 이때, 식당차만은 스태프와 함께 차량이 모두 바뀐다.

이 작업을 할 동안 승객들은 열차에서 내려 환전을 하거나 국경을 넘을 때면 필수적인 여권 심사며 세관 심사를 받는다. 이윽고 다시 탈 수 있게 되어 열차가 국경을 출발하기까지 꼬박 2시간은 기다려야 하니 배가 고파지기에 충분한 시간이다. 당장에 식당차로 달려갔다. 뜨거운 보르시를 상상하면서 군침을 꿀꺽 삼키며 열 칸이 넘는 차량을 지나 간신히 다다른 식당차, 그 식당차 문에는 다음과 같은 쪽지가 붙어 있었다.

"개점은 모스크바 시간 10시."

열불이 뻗친다. 그 말은 현지 시간 14시. 아직 2시간이나 남았다. 뭔가 떠오른 게 있어 문을 쾅쾅 두드렸다.

도대체 그 몸집으로 차량 사이를 어떻게 이동하나 싶을 만큼 거구의 아줌마가 얼굴을 내민다.

"예약하고 싶어서요."

"10시 예약은 만석이유. 뭐, 여섯 명? 그럼 12시까지 참으슈."

그러면 그렇지, 역시나 친절이라곤 눈곱만큼도 없다. 아, 드디어 소련 영토로 들어왔나 보다. 암, 이래야 소련 웨이트리스지. 그녀는 이쪽 이름과 인원을 내갈겨 받아 적더니 문을 쾅 닫아버린다.

'흥, 지금보다 덜 뚱뚱할 때 이 식당차에 들어왔다가 이젠 나갈 수도 없을 만큼 뚱뚱해져서 그냥 눌러 살고 있는 게 분명해.'

'아니, 그럼 화장실은 어떻게 가지?'

동료들과 우리 차량으로 터벅터벅 돌아가며 분을 삭여

보려 그런 공상을 했다.

아무래도 속상하다. 같은 차량에 앉은, 여행에 익숙해 보이는 헝가리 청년이 했던 말이 기억났다. "소련령에 들어가면 식사를 해결하기 힘드니까, 중국령에 있을 때 식당차에서 통조림 같은 걸 사두는 게 나을 텐데요."

아, 왜 귀담아듣지 않았을까. 일부러 친절하게 충고해주었는데. 아, 왜 만저우리 역 식당에 들르지 않았을까. 일생일대의 후회로 남는다. 그러고 보니 중국의 식당차는 발차와 동시에 개점했었지. 식당차가 만원이면 객실까지 배달도 해주었는데. 게다가 주문한 지 15분 이내로. 그때 먹은 탕면 맛이라니!

눈길 닿는 곳마다 똑같은 초원만 보이는 단조로운 창밖 풍경을 내다보고 있자니 아예 시간이 멈춘 게 아닌가 싶을 정도다. 하지만 '그래도 지구는 돈다.'

이단 심문에 걸린 갈릴레오 갈릴레이가 외친 의미심장한 말대로 그래도 예약시간은 다가왔다.

중국과 크기가 다를 바 없을 텐데 러시아 식당차에 들어서자 희한한 광경에 깜짝 놀랐다. 차량의 5분의 1 정도는 될 식탁과 의자에 온통 짐이 쌓여 있었기 때문이다. 이런 말도 안 되는 일이 있다니! 그리도 사람을 기다리게 해놓고는 이런 금쪽같은 자리를 썩히고 있었다니.

그 거구 아줌마는 손님이 바뀔 때마다 땀을 뻘뻘 흘리

며 사용한 식탁보며 냅킨을 휙 걷었다. 그러고는 짐이 놓인 식탁으로 가서 그 밑에 팽개쳐놓은 마대 주머니에 쑤셔넣었다. 그다음엔 산더미만 한 짐 속에서 흰 식탁보와 냅킨을 꺼내 와 방금 벗겨낸 식탁에 펼쳤다. 중국 식당차의 테이블은 비닐 식탁보였다. 종업원은 앞 손님이 먹고 나간 그릇을 챙긴 다음 젖은 행주로 훔치기만 하면 됐다.

그다음 거구의 웨이트리스는 나이프에 포크, 크고 작은 숟가락을 꺼내 와서는 짤랑거리는 소리를 내며 머릿수대로 정해진 위치에 놓았다. 중국 식당차의 경우, 식탁마다 목이 긴 컵에 젓가락이 가득 들어 있었으니 손님이 각자 알아서 쓰면 됐다.

그래도 메뉴에는 요리 종류가 상당히 많았다. 방금 전의 분개를 잊고 오랜만에 러시아 요리를 제대로 먹어본다며 모두들 흥분해서는 각자 구미에 당기는 것을 골라잡았다.

"저 사람은 우크라이나풍 보르시, 이 사람은 버섯 수프, 그쪽은 닭고기 수프, 나는 솔랸카토마토 소스와 고기를 넣고 끓인 러시아 수프……"

"아니, 주문하기 전에 그 요리가 있는지 없는지부터 물어봐야 할 거 아니에요?"

가뜩이나 볼멘 웨이트리스를 더 붓게 만들었나 보다.

"아유, 미안해요. 그럼 뭐가 되죠?"

"전채는 비트(사탕무)와 비네그레트(식초 소스), 수프는 닭고기가 든 누들수프, 메인 요리는 비프 스트로가노프에 감자튀김 곁들임, 디저트는 월귤 무스. 이것밖에 없소."

싫으면 나가든가, 하는 태도다.

"그럼 각각 6인분씩 부탁해요."

"마실 건?"

"뭐, 뭐가 있나요?"

의외로 음료수는 각종 소프트 드링크, 화이트와인, 레드와인에 보드카, 코냑까지 거의 다 있었다. 주문을 듣고 난 웨이트리스는 다시 그 산더미로 다가가서 손을 쑤셔넣고는 주섬주섬 찾는 병을 끄집어냈다. 아마도 음료수가 들어 있는 상자는 식탁보와 냅킨 더미 밑에 있었나 보다.

서양 요리는 어쩌면 이리도 식기 종류가 많은가, 새삼 기가 찬다. 식당차는 좁아터진 공간이라 약식일 텐데도 음료수용만 하더라도 주스와 미네랄 워터용 컵, 와인용 두 종류, 보드카처럼 강한 알코올용 술잔, 홍차용 컵과 컵받침, 커피용 컵과 컵받침 등이 있다. 게다가 식사용으로 전채용 중간 접시, 샐러드용 작은 볼, 수프 접시, 컵처럼 생긴 수프 잔과 컵받침, 메인 요리용 큰 접시, 디저트용 작은 접시 등등. 제때 제때 식기를 치워주지 않으면 식탁에 놓기도 어려울 정도이니 당연히 식탁도 거대해진다.

중국 식당차의 경우, 미네랄 워터나 맥주 등에 두루 쓸

수 있는 컵, 뜨거운 차를 마시는 자그마한 컵, 밥그릇으로
도 국그릇으로도 쓸 수 있는 대접, 면 종류를 담을 사발,
큰 접시와 덜어 먹기 위한 작은 접시, 이게 전부다. 감동적
일 만큼 간단하지 않은가.

좁은 주방을 들여다보니 조리기구는 더하다. 프라이팬
에 오븐에 믹서, 고기 다지는 기계에 대·중·소 크기가 다
양한, 깊거나 얄팍한 냄비가 즐비하게 벽에 걸려 있다. 뒤
집개며 거품기, 국자에 체, 여러 모양과 크기의 식칼,
……. 이름도 다 모를 조리기구들이 빽빽하게 들어차 있
는 쪽이 소련. 하지만 중국 쪽은 육수를 내기 위한 큼직
한 솥에 중국 냄비와 국자, 여과기, 찜통, 길쭉한 식칼, 나
무 뿌리의 나이테가 보이도록 통째로 자른 도마가 전부다.

베이징의 혁명박물관에서 본, 팔로군 병사를 이끄는 마
오쩌둥의 사진이 떠올랐다. 발목에 매단 주전자에는 국자
가, 배낭 위에는 중국 냄비가 얹혀 있었다. 캡션에는 이 모
습으로 원정을 성취했다고 적혀 있었다.

까마득히 먼 옛날부터 전해 내려온 중국 요리의 발전
과정에서 불필요한 식기며 조리기구는 그 군더더기를 모
두 없앤 채 오늘날에 이른 것이 아닐까. 극도로 간소화한
기구로 조리되어 소박한 식기에 담겨 나온 요리의 다양함
이라니. 감탄을 넘어 경이롭다. 중국인은 아마도 지상에
서 가장 다양한 음식을 먹는 생물이리라.

"중국인이 못 먹는 건 땅에 기는 건 자동차, 하늘을 나는 건 비행기, 물속에 뜨는 건 배뿐."

이 비유가 빈말이 아닐 정도다. 편견을 버리고 차별 없이 사물을 먹는 대상으로 대하는 용기, 호기심, 탐욕을 무기로 인류를 대표하여 인간이 못 먹는 게 있을쏘냐, 개척을 나선 자의 거룩함이 느껴진다.

중국 요리는 요리를 만드는 조리기구도, 음식을 담는 그릇도, 음식을 먹을 때의 매너도 상관하지 않고 그저 열심히 요리 그 자체에 온 신경을 집중한 형태로 발전해왔다. 그 시공간을 넘나드는 국민적 열정에 두 손 들었다.

무엇보다 매너도 상관 않는다는 점이 맘에 든다. 혹시 매너가 있다면 그건 그저 먹는 데 집중하는 것이다. 펄 벅의 『대지』에는 손님을 초대한 주인이 우선 보란 듯이 식탁보에 뭘 쏟아 더럽히는 장면이 나온다. 이제 아무리 더럽혀도 상관 없으니 마음 놓고 드시라는 신호란다. 이쯤 되면 일식이나 프랑스 요리처럼 목에 힘주고 거드름 피우며 먹는 것이 오히려 야만스러워 보이니 희한한 일이다.

조리법에 일가견이 있는 동생 말로는, "일본 요리는 거의가 일본에서 난 재료가 아니면 만들기 힘들어. 모든 조리법이 재료 의존형인 데 반해, 중국 요리는 응용 범위가 대단히 넓지"라고 한다.

즉 세계 어느 나라를 가더라도 그곳의 재료에 적용할

만한 보편적인 조리법이 많단다. 중국 요리는 무엇이든 식재료로 삼으니 조리법의 보편성과 응용 범위가 넓어지는 것은 당연하다.

그러고 보니 지구상의 여러 곳을 다녀봤지만 중국 요릿집 없는 데는 본 적이 없다.

모스크바의 중국 요리, 하얼빈의 러시아 요리

중소 논쟁이 한창 격렬할 무렵, 모스크바에도 번화가의 일번지에 '베이징 반점'이 있었다. 중소 밀월 시대에는 중국인 요리사가 솜씨를 발휘했다지만 1960년대부터 1980년대 전반에 걸쳐 모두 철수해버려 지금은 러시아인 요리사가 만들고 있었다. 내온 요리는 러시아풍 중국 요리라기보다는 차라리 중국풍 러시아 요리였다. 그런데도 모스크바에 오래 머물다 보면 간장 맛이 그리워 나도 모르게 베이징 반점의 문지방을 넘게 된다. 맛에는 실망하는 때가 많지만 갈 때마다 웃을 일이 생긴다. 이곳에서는 중국 요리(적어도 가게의 종업원들은 그렇게 믿어 의심치 않는 것 같다)를 러시아 요리의 풀코스 순서로 내온다. 맨 처음은 전채. 이건 그래도 괜찮다. 중국 요리도 찬 음식부터 시작하니까. 다음은 국물 요리에 생선, 그다음은 고기 요리와 밥, 마지막은 디저트다.

한편 중국 북동부 헤이룽장성의 성도인 하얼빈을 방문했을 때, 옛 러시아 조계租界19세기 후반 영국, 미국 등 8개국이 중국 침략의 발판으로 삼았던 항구 도시의 외국인 거주지가 있던 곳이라기에 들른 러시아 요릿집에서 똑같은 경험을 한 적이 있다. 하얼빈에서 제일이라는 평판이 나 있던 만큼 맛은 그럴싸했다. 그런데 음식이 나오는 순서는 완전히 중국식이었다.

맨 처음에 캐비어니 청어소금절임, 피클 같은 전채가 나오는 것까지는 러시아도 그러니까 좋다. 그다음엔 야채와 함께 삶은 농어며 키예프풍 닭고기 커틀릿, 비프 스트로가노프 등 7종류나 되는 메인 요리가 큰 접시에 차려져 나왔다. 작은 접시도 같이 나온 걸 보니 덜어 먹으라는 뜻인가 보다. 마지막에 가서야 흑빵과 보르시가 나왔다.

아무튼 식사 때 요리를 먹는 순서는 식습관을 구성하는 각 요소 중에서도 상당히 보수적인가 보다. 러시아인들이 다른 이름으로 페르브이(첫 요리)라고까지 부르는 수프를 맨 마지막에 내오다니. 또한 중국인으로서는 식사를 끝내는 요리로 자리잡은 국물 음식을 맨 처음 먹는다는 것은, 천지가 뒤바뀌고 해가 서쪽에서 뜨는 정도로 순리에 어긋난 이상한 방식일 것이다.

재료와 요리에 관해서는 지구상 그 어느 민족보다 편견을 버리고 합리성을 추구해온 중국인도, 행동양식이 의

외의 부분에서 틀에 박혀 있다는 사실이 재미있었다.

베니스의 미국인

여동생이 요리 연수를 받은 곳은 베니스의 '할리스 바'라는 곳이다. 예의 그 자부심 높은 프랑스의 '미슐랭'이 이탈리아에서 처음으로 별 2개를 하사한 곳이라는 꽤나 유명한 레스토랑이다. 베네치아에서 열린 G7 회의 때 요리를 담당했을 만큼 최고급 이탈리아 음식점이다.

헤밍웨이도 자주 들렀다는 것이 알려지는 바람에 일종의 관광명소가 되어버렸는지 미국인 관광객도 많이 찾는단다.

미국인은 대개 메뉴를 쭉 읽어본 후 종업원을 향해 외친다.

"그런데 햄버거는 없어요?"

타국, 타문화에 대한 열등감 제로인 미국인다워 차라리 시원스럽다. 늘 '서양문화 따라잡기' 정신으로 살아온 일본인에게는 어려운 행동이겠지만.

여동생 왈, "이럴 때 프랑스의 격식 있는 레스토랑이라면 코웃음 치면서 은근히 무례하게 내쫓아 보낼걸. 하지만, 이탈리아 사람이라면 악착같이 공들여 최고급 햄버거를 만들어 내놓지."

이웃 나라면서도 각각 국민성에 따라 자부심을 보이는 방법이 다르다. 덧붙이면 이는 어디까지나 가설에 불과하지만 미식에 대한 욕구가 강한 나라, 즉 일반 국민조차도 요리에 특별한 관심을 보이고 에너지를 불사르는 곳은 봉건제도가 비교적 오래 지속된 나라들인 것 같다. 중국, 프랑스, 이탈리아, 일본······. 다들 여기에 부합한다.

반대로 흔히 '음식이 맛없다'고 소문난 나라, 즉 영국, 네덜란드, 스위스 등은 다들 자본주의가 다른 나라보다 한 걸음 먼저 발전한 곳이다.

미식과 같은 '비생산적인 소비'와 '시간 낭비'로 빠지지 않는 국민 쪽이 자본주의적 생산양식을 형성하는 데 필요한 부의 축적을 보다 신속하고 효율적으로 성취할 수 있지 않을까. '요리가 맛없다'면 미식의 유혹에 넘어갈 위험도 줄어드니까.

내가 '영국 요리는 맛없다'라든지 '네덜란드인은 미각치'라고 단정해버리면 요리 전문가인 여동생은 불같이 화를 낸다.

"어느 나라든 미각은 그 나라의 지역적 풍토나 기후 같은 자연조건, 역사 등에 바탕을 두고, 오랜 생활습관의 일부인 식생활로부터 생겨난 거야. 어떤 민족이 맛있다고 늘 즐기는 요리를 맛없다며 일방적으로 단정하는 건 진짜 오만불손한 말이야. 듣기 거북하다고."

앞에서 '음식이 맛없다'라고 따옴표를 붙인 것은 이런 사정 때문이다.

비슈케크의 일본인, 도쿄의 키르기스인

이치를 따지자면 동생 말이 옳다는 것을 어찌 모르겠나. 하지만 실제로 다른 나라에 방문했을 때, 익숙지 않은 음식을 '맛없다. 못 먹겠다'며 몸이 거부하는 것 또한 어쩔 수 없는 사실이다.

텐샨天山산맥의 산자락에 키르기스 공화국이라는 나라가 있다.

"저 멀고 먼 깊숙한 곳에 / 누구에게나 사랑받는 / 고운 아가씨가 있네"라고 〈초원가〉를 부른 중국 쪽에서 보면 '멀고 먼' 텐샨산맥 반대편에 위치한다. 예전에는 소련을 이루는 공화국의 하나였으나, 1991년 소련이 붕괴되면서 독립했다. 최근 이곳의 수도 비슈케크에 통역 일로 2년 연이어 갈 일이 있었다. 그곳에는 이 나라 정부의 신뢰를 한 몸에 받아, 아카예프 대통령 최고 고문, 중앙은행 고문, 국립 비슈케크 종합대학 명예교수 등 여러 요직에 오른 일본인이 있다. 일본은행에도 관여하고 있어 그곳 일본센터 소장까지 맡은 다나카 데쓰지田中哲二 씨다.

비슈케크에 처음 갔을 때 다나카 씨가 환영의 표시로, "이곳에서 제일 잘하는 중국집을 소개해드리리다"라며 안내했다. 그곳에서 나온 고기 볶음, 야채 볶음에 볶음밥까지 모든 볶음 요리에 양기름이 넘쳐 흐를 만큼 번들거리는 걸 보고 나는 완전히 식욕을 잃었다. 이 땅에서 1년도 넘게 홀로 부임생활을 해내는 다나카 씨가 가여워 눈물이 다 날 지경이었다.

두 번째로 비슈케크를 방문했을 때 다나카 씨는, "저번보다 더 잘하는 중국집이 생겼다오"라며 즐거운 듯이 안내해주었다.

그런데 이곳에서 내온 볶음밥을 보니 이 또한 니글니글해 보이는 기름 바다가 아닌가. 단번에 식욕이 가셨다. 나는 씩씩거리며 자리를 박차고 일어나 말했다.

"키르기스인은 볶음밥이 뭔 줄 모르나 봐요. 볶음밥이란 우선 보기에 밥풀이 폴폴 날 듯해야죠. 아니, 아무래도 내가 주방에 들어가야겠어요. 가서 요리사에게 직접 만들어 보여줘야지."

그런데 대통령 최고 고문인 다나카 씨가 배꼽을 잡으며 식탁에서 넘어갈 듯이 웃어젖힌다.

"아하하하하, 요전에 키르기스인 은행가들을 데리고 일본에 갔을 때, 도쿄의 중국 요릿집을 안내했더니 딱 마리

씨와 같은 소리를 하더군요. '일본인은 도대체 볶음밥이 뭔지를 모르나 봐. 볶음밥이란 건 넉넉한 기름에 푹 잠길 정도라야지. 절대 기름을 아껴선 안 돼. 나 좀 주방에 데려다줘요. 내가 직접 만들어 보이리다'라고요, 아하하."

이 한마디에 당장 주방에 들어가 소매를 걷어붙이려던 '의기양양함'은 바람이 피식 빠져버렸다.

비극이 희극이 되는 순간

모스크바의 베트남인

"아이구 지겨워, 지겨워. 또 베트남인이야."

모스크바 교외에 있는 세레메체보 국제공항까지 배웅하러 나온 일본대사관의 T 서기관이 혀를 찼다.

"모스크바에는 여기 말고도 국내선 공항이 셋이나 더 있으니까, 하노이행은 그쪽으로 돌리면 되잖아! 전부터 제안을 했는데 도통 먹히질 않는단 말야."

도대체 이 상황을 어찌해야 하나 싶은 심정이 그의 얼굴에 역력하다.

1990년 8월, 재정금융관계연구소에서 러시아와 동유럽을 시찰할 때 통역으로 동행한 나에게는 그해에만 네 번째 모스크바 방문이었다. 따라서 세레메체보 국제공항 출입은 여덟 번째였다. 그 전해까지도 없던 일이 그 근래에 외국으로 통하는 현관인 이 공항에서 벌어지고 있었다. 비행기 출발 예정 시간보다 2시간이나 먼저 와도 탑승 시간에 늦을 만큼, 공항 전체가 극도로 혼란스러웠던 것이다.

이번에는 혹시나 해서 4시간 전에 와 있던 우리 눈앞에 벌어진 광경 탓에, 재무부에서 파견 나온 T 서기관은 한숨을 내쉴 수밖에 없었다.

그 광경을 묘사하기에 앞서 우선 세레메체보 공항의 구조를 설명해야겠다. 세레메체보뿐 아니라 소련의 공항은 출국할 때 다섯 개의 관문을 다음 순서로 통과해야 한다.

우선 세관이다. 사회주의 체제를 유지한다는 명목 아래 일종의 쇄국정책을 편 나라이니, 정보 전달 수단인 출판물이나 경제를 혼란시키는 외화와 물품 출입에 과민할 정도로 신경을 곤두세우는 경향이 있었다. 그러던 것이 1985년 고르바초프가 시작한 페레스트로이카가 말기에 이른 1990년 무렵에는 세관의 태도에도 눈에 띄는 변화가 생겼다.

그때까지 겉으로는 '계획경제'를 훌륭히 보완하고 있었지만 어디까지나 그늘에 있던 암시장 경제인 시장경제가 공공연히 인정되자, 갑자기 수요와 공급의 불균형을 인위적으로 조작하여 한 밑천 잡으려는 자들이 생겨나기 시작했다. 상품을 매점매석하여 값을 올리는 고전적인 수법이었다. 기업은 기업대로 내놓지 않고 가격 상승을 기다렸다. 물가가 끝없이 치솟고 인플레도 하늘 높은 줄 모르니 이에 반비례해 화폐의 신용가치는 땅에 뚝 떨어졌다. 이에 사람들은 우선 불필요한 상품마저도 사둔 다음 물물교환으로 필요한 것을 구하려 했다. 당연히 어떤 상점이나 선반이 텅 비게 되었다. 극단적인 물자부족은 물건 값과 사람들 마음에 새겨진 물건의 가치, 즉 물욕을 점점 더 키웠다.

이러한 당시의 국내 경제상황 때문에 세관은 소련으로 물품이 들어오는 것에는 관대했지만 나가는 것에는 극도로 엄격했다.

다음 관문은 항공회사 체크인 카운터다. 비행기 티켓을 확인하여 탑승권을 발행하고 수하물의 중량을 잰 후 허용 한도를 넘는 경우에는 초과 요금을 내거나 감량하는 수밖에 없다.

세 번째 관문은 여권과 비자 심사다. 국가보안위원회(통칭 KGB) 산하 국경경비대 소속인 홍안의 젊은 병사가 아직도 어린 티가 나는 눈동자로 여권 사진과 당사자를 몇 번이나 끈질기게 살핀다. 이러다간 이 나라를 영원히 나가지 못하는 건 아닐까 하는 불안이 고개를 들 무렵, 여닫이가 찰칵 금속음을 내며 열리면 출국 로비로 나서게 된다.

네 번째 관문은 하이잭 검사다. 기내로 가지고 가는 짐은 뢴트겐 검사대를 거치고 사람은 금속탐지기가 달린 게이트를 지나야한다.

마지막 관문인 탑승구에 와서 탑승권을 체크하면 겨우 기내로 들어갈 수 있다.

이제 1990년 8월의 그날로 이야기를 돌려보자. 우리들이 공항에 도착했을 때, 제1관문에 세관 검사를 위해 줄을 선 행렬은 공항 건물 밖으로 넘칠 정도였다. 세관 카운터 앞에는 홀쭉하고 자그마한 베트남 사람들이 그 체구의 20배는 될 법한 짐을 양손에 들고, 겨드랑이 양쪽에 끼는 것도 모자라 카트 위에도 산더미처럼 쌓아놓고는 기다리고 있었다. 배웅하러 온 사람도 그 줄에 끼어 큰 소리로 이별을 아쉬워하고 있었다.

베트남 전쟁 때, 소련을 비롯한 사회주의 진영은 북베트남을 지원했다. 적어도 나는 그렇게 생각했다. 그런데 이 지원에 어쩐지 구린 데가 있다고 느낀 것도 사실은 이때부터다. 이 '지원'의 대가로 베트남 정부는 노동력 부족에 시달리던 소련과 동유럽 나라에 장기적으로 자국민의 노동력을 제공해왔다. 베트남 전쟁이 종결된 것은 1975년이었지만 1990년 시점까지도 베트남의 이 '빚 갚기'는 계속되고 있었던 것이다.

물론 베트남 노동자들이 공짜로 일했다는 말은 아니다. 상응한 대가는 받았을 것이다. 그들은 그 돈을 모아 물품을 사서 귀국했다. 가게마다 품절로 아우성인데 어디서 그렇게 많이 사 모았을까. 그들의 억척스러움이 가히 놀라울 뿐이다.

그건 그렇고, 세관 카운터를 통과할 때 보통은 여권과 세관신고서를 제시한 후, 세관원의 질의에 답하고 요청을 받으면 수하물을 열어 검사에 응해야 한다. 하지만 베트남 사람들은 관문 같은 것은 아예 존재하지 않는다는 듯이 행동했다. 세관원의 제지도 무시하고 천장에 닿을 듯한 짐 상자를 실은 카트를 전력으로 밀어 15미터 정도 떨어진 체크인 카운터로 가려 했다. 그때였다. 덩치가 작고 종이짝처럼 얇은 가슴팍의 베트남인에 비해, 이런 사람만 있으면 하늘도 땅도 비좁겠다 싶은 거구의 러시아 세관원이 소리쳤다.

"제자리로 돌아가! 안 가면 쏜다!"

그러든가 말든가 베트남인들은 무시한 채 질풍처럼 돌진한다. 세관원은 얼굴이 벌게져서 분통을 터뜨린다. 바로 뒤쫓아가서는 털이 숭숭 난 팔뚝으로 베트남 남자의 뒷덜미를 덥석 거머잡고는 제자리로 가려 한다. 그 바람에 카트의 짐 상자가 쓰러져 여기저기 굴러간다. 그 사이에 다른 베트남인이 세관 앞을 지나치려 한다. 그걸 다른 세관원이 뒤쫓아와 막는다. 소리를 지르며 저항해보지만 워낙에 체구가 차이 나니 바닥에 질질 끌리듯이 붙잡혀

온다. 그래도 그들은 바닥에 끌리든 말든 결코 짐을 놓지 않으려 하니, 트렁크나 상자가 열리며 내용물이 굴러 나오고, 질질 끌려가는 베트남인은 이 모습에 더욱 크게 비명을 지른다. 배웅하러 온 일행도 동포를 감싸느라 고래고래 고함을 지른다. 그러느라 원래는 출국자 이외에는 출입이 제한되는 구역까지 밀치고 쏟아져 들어간다. 그걸 막으려고 세관원들도 총동원되어 필사적이다. 이 틈을 뚫고 다른 베트남인이 빠져나간다.

드러난 짐 속의 내용물을 보니 접는 우산이나 같은 종류의 완구가 수도 없이 들어 있었다. 당시의 소련 세관 규칙으로는 같은 종류의 물품이 다섯 점 이상인 경우에는 개인 사용 목적이 아닌 매매용으로 간주해 수출세를 징수해야 했다. 이를 물지 않으면 몰수당했다.

세관 검사에 한 사람이 잡혀 있는 동안 짐 더미가 차례로 세관 카운터 앞을 지나간다. 그걸 제지하려는 세관원의 고함, 바닥에 질질 끌려가는 베트남인의 비명, 배웅하던 베트남인의 비난과 응원…… 세관과 체크인 카운터 사이의 폭 15미터 길이 80미터의 공간에서 온통 북새통이 벌어지며 소음이 울려퍼졌다. 카트에서 굴러떨어진 짐 상자와 터진 상자에서 굴러나온 내용물이 흩어져 있다. 도망치는 베트남인에 잡으려는 러시아인, 잡힌 손에서 빠져나오려고 몸부림치는 베트남인과 더욱 손에 힘을 주는 러시아인, 질질 끌려가는 베트남인과 끄는 러시아인이라는 세 가지 패턴이 섞여 여기저기 보인다. 아비규환의 지옥이 아마도 이럴 것이다.

아비규환의 속편은 체크인 카운터와 여권 심사 카운터 사이에서도 전개되고 있었다. 어디로 보나 기내에 가지고 들어가기에는 어림도 없이 커 보이는 짐을 들고서 중량 초과 요금도 내지 않고 통과하려는 베트남인을 저지하려고 세관원이 소리친다. 이쪽은 여자이니 뒷덜미를 붙잡아 끌고 갈 수도 없었다. 이런 상황이 계속 벌어졌다.

그런데 여권과 비자 심사관인 소년병들은 군인이니 권총을 차고 있었을 텐데 희한하게도 이 사태를 모른 척하고 있었다. 제 관할이 아니라 그런 걸까.

아아, 내 필력으로는 도저히 다 전할 수 없을 정도다. 이 앞에서 다른 승객들은 그저 태풍이 지나가길 기다릴 수밖에. 비행 시각에 늦어진 승객은 초조함에 안달복달이다. 불운을 한탄하며 신과 악마를 저주하는 사람, 투덜투덜 불평하는 사람, 어떻게 좀 세관원에 탄원해보려다 헛걸음으로 되돌아온 사람, 베트남인을 욕하는 사람, 이미 체념하고 운을 하늘에 맡긴 듯한 사람, 이런저런 사람들로 넘쳐나고 있었다.

우리 일행도 상당히 초조해졌다. 언제까지 이렇게 마냥 기다려야 하나. 일행의 불만이 터지기 일보직전이었다.

이때였다. 가까이 있던 러시아인의 목소리가 들려왔다.

"와, 베트남 사람은 대단하구나. 저러니 미국인이 어떻게 이길 수 있었겠어?"

이 말에 나도, 내 통역을 들은 일본인 일행도 웃느라 꼴딱 넘어갔다. 웃으니 불안과 초조가 단번에 해소됐다.

완전히 기분이 풀리자 이런 사태를 즐길 여유조차 생겨 기다리는 것이 조금도 고통스럽지 않았다.

'나무를 보고 숲을 본다.'

그러니까 궁지에 몰렸을 때 사태를 멀리 두고 거시적으로 보라. 그러면 비극이 희극으로 보인다. 그런 마음의 여유를 잃지 않는 러시아인을 나는 마음속 깊이 존경하고 한층 더 좋아하게 되었다.

시베리아의 프랑스인

시베리아 여행에서 돌아온 프랑스인이 동료를 상대로 자랑을 했다.

"한밤중에 밀림 속을 말 썰매로 이동하고 있을 때였어. 불이라곤 마부가 들고 있는 램프뿐이었지."

"와, 그야말로 칠흑 같은 밤이었겠네."

"그래 맞아. 그 깜깜한 밤길에 글쎄 뭔가 반짝거리는 게 보이지 뭐야. 그것도 짝으로 무리를 지어 우리가 탄 썰매를 쫓아 따라오더군. 예상대로 '늑대다!' 하고 마부가 소리를 쳤지."

"아, 그 불빛은 늑대 눈동자였던 거로군."

"맞아. 우리들은 재빨리 권총을 꺼내 탄환을 넣은 다음 마음을 안정시키느라 성호를 그었어. 그러고 나선 늑대들 중에서도 덩치 큰 녀석의 두 눈동자 사이를 겨냥해서 쐈지."

"명중했어?"

"물론이지. 그 녀석이 픽 쓰러지자 다른 놈들이 녀석의 시체에 달라붙더군. 그사이에 우리는 열심히 앞길을 재촉했지."

"와, 그래서 늑대들을 따돌렸어?"

"아니, 조금 있으니까 그 늑대 떼가 또 썰매 뒤를 바짝 쫓는 거야. 할 수 없이 또 총을 꺼내서 그중 한 놈의 머리통을 날려버렸지. 남은 녀석들이 쓰러진 놈의 시체 고기를 뜯고 있는 사이에 썰매는 다시 앞을 재촉했어."

"그래서 이번엔 따돌렸어?"

"아니. 시베리아 밀림이 무슨 부르고뉴 숲이랑 같은 줄 알아? 이건 끝이 없어. 얼마 못 가 썰매는 다시 늑대들의 기분 나쁜 눈동자에 둘러싸였지 뭐야."

"그래서 개중 또 한 놈이 죽어 남은 놈들의 먹이가 됐

겠군."

"눈치 하나는 빠르군. 그렇게 해서 한 놈을 죽여 거리를 벌리고, 그 거리가 좁혀지면 또 한 놈을 죽이면서 어떻게 든 앞을 재촉했어. 진짜 공중 줄타기 같았지."

"그래서 마지막엔 어떻게 됐는데?"

"이 사람 성질도 급하군. 차근차근 들어보게. 그러는 사이에 20발이나 써버려서 이제 탄환이 마지막 한 알밖에 남지 않게 됐어. 하지만 늑대들도 더 이상 쫓아오지 않기에 안도했지. 그런데 그게 아닌 거야. 어느새 한 쌍의 불빛이 또 바짝 뒤를 쫓아오는 게 아닌가. 그 녀석은 지금까지 쏴 죽인 늑대 중에서도 특별히 더 크고 진짜 무섭게 생긴 놈이었어. 그렇게 큰 놈은 태어나서 처음 봤다니까."

"그야 그랬겠지. 네가 죽인 늑대 스무 마리를 그 녀석이 다 집어삼켰을 테니까."

이 글은 아시밀 사에서 나온 프랑스어 교재 『즐거운 프랑스어』에 나오는 이야기 한 토막이다(테이프까지 달려 있다). 아시밀 교재는 어학 공부처럼 힘든 일을 우스개 하나 없이 어찌 하느냐며 철두철미 시종일관 유머러스한 내용을 기본으로 하고 있다.

원근법의 법칙

이미 눈치챘겠지만, 이 우스개도 '나무를 보고 숲을 보라'는 방식으로 만들어졌다. 카메라로 예를 들면, 줌인에서 갑자기 줌아웃으로 빼서 전체를 보게 하는 식이다. 한순간 한순간 바짝 뒤를 쫓아가다가 시간적 간격을 갑자기 획 길게 늘린다. 그러면 순간적으로 지금까지의 일이 우스워지는 것이다. 러시아인이 장기로 삼는 우스개 중 5분의 1은 이러한 급격한 줌아웃 방식을 따른다.

임종을 맞이한 니키타는 오랫동안 희로애락을 같이한 조강지처를 머리맡에 불러 혼신의 힘을 쥐어짜 물어보았다.

"마리아, 지금까지 신세 많이 졌구려. 내가 바람도 많이 피웠으니 얼마나 맘고생 했겠소. 아, 내가 잘못했소. 용서하시구려. 그런데 이게 마지막 길이다 싶어 내 꼭 하나 물어보고 싶은 게 있소. 솔직히 대답해주오. 어렴풋이 그런 느낌이 들어서 말야. 막내 이반 말이오. 사실은 내 씨가 아니지?"

"아유, 당신 무슨 말씀을 하시는 거예요. 이제 곧 하늘나라로 가는 당신 앞에서 내가 무슨 거짓말을 하겠어요. 내 사실대로 말하리다. 막내 이반은 진짜 진짜 당신 씨예요. 이반 위의 다섯 아이는 모두 당신 아이가 아니지만요."

일상생활에서도 이 수법이 흔한 것이, 우스개가 하늘의 별만큼이나 많아서인지 아니면 이런 이야기에 매일 단련이 되어서인지는 단정하기 어렵다. 하지만 서로 상승효과가 있는 것만은 분명하다.

러시아에서 인플레가 하이퍼인플레로 되어가면서 루블 환율이 폭락하던 1993년의 일이다. 러시아 경제관계청과 국립은행 직원들이 시장경제의 금융제도를 배우기 위해 일본에 연수를 왔는데, 내가 통역을 맡게 되었다.

처음 일주일은 매일 책상에 붙어서 개론을 배우고 그 후에는 각종 금융 관련 현장을 돌면서 설명을 듣고 질의응답을 하면서 의문점을 해결하는 식이었다.

언젠가 장기신용 금융기관을 찾았을 때였다.

"여긴 대출부이고 본 은행 업무 중에서도 중심적인 역할을 하고 있습니다."

근엄하게 양복을 차려입은 성실해 보이는 은행원이 외국인에게 이런 설명하는 건 난생처음이란 듯이, 너무나 긴장해 식은땀을 뻘뻘 흘렸다. 당연히 나도 꼿꼿한 태도로 통역했다.

그러던 중 갑자기 러시아 재무부 국장이 손을 들더니 쭈뼛쭈뼛 묻는다.

"저어, 질문 하나 해도 좋습니까?"

"물론이죠. 어떤 질문도 좋습니다."

"그럼, 여쭙겠습니다. 저기 있는 흰 통은 뭔가요?"

"예?"

은행원은 고개를 갸우뚱한다. 국장의 손끝이 가리키는 것은 누가 봐도 모를 리 없는 평범한 쓰레기통이었기 때문이다.

"네, 그건 쓰레기통입니다."

"그 쓰레기통은 무엇 때문에 있는 것입니까?"

은행원은 납득이 가지 않는다는 얼굴로 나를 째려본다. 내가 통역을 잘못하고 있는 건 아닌지 의심하는 눈치다. 그래도 마음을 다잡고 성실히 대답했다.

"쓰레기통이란 것은 쓰레기나 업무상 생긴 불필요한 서류 등을 버리는 상자입니다."

"그럼 루블 지폐 같은 것도 거기다 버리겠네요."

은행원은 잠시 입을 다물고 있다가 러시아인 일행과 함께 자지러지게 웃었다. 그 뒤부터 은행원은 뻣뻣했던 몸과 입이 완전히 풀렸는지, 어깨에 힘을 빼고 방금 그 사람이 맞나 싶을 정도로 재미있게 설명해나갔다.

제3의 눈이 주는 효용

대상과의 거리를 코앞에서 한순간에 휙 늘리는 방법

은, 갑자기 대상에서 멀어짐으로써 자신도 상대방도 아닌 제3자의 눈으로 바라보려는 시도다. 바로 그 낙차 덕분에 웃음이 생기는 것이다.

자신 또는 자국민을 캐릭터화할 줄 아는 국민, 자신과 자국민을 스스로 떨어져 제3자의 눈으로 바라보며 자기 결점을 희화화할 줄 아는 성숙한 국민은 여유가 있다. 유연하고 강하다. 그 방면에 뛰어난 소질을 가진 민족은 내 편견과 독단에 따르면 유대인(시험 삼아 유대인의 유머집을 한번 읽어보시라), 이탈리아인, 러시아인이 아닐까.

그런데 그저 웃기 위해서가 아니라 사물의 핵심을 간파하기 위해서는, 대립하는 두 당사자의 시점과 더불어 제3자의 눈도 반드시 필요하다는 사실을 인류는 진작부터 알고 있었던 것 같다.

예를 들어, 고대 그리스의 아리스토텔레스는 이미 혼합 정체론에서 '국가권력'이라는 '물건'은 상호 독립된 여러 기관에서 분담해야 한다는 권력분립론을 주장했다. 그만큼 국가권력은 다수의 운명을 좌우하며 약자의 권리를 침해하기 쉬운 골치 아픈 필요악이기 때문이다. 그것이 근대로 향하는 절대왕권의 극복 과정 속에서 존 로크의 통치론을 거쳐 몽테스키외의 3권분립론에서 열매를 맺었다. 남용이 뒤따르는 권력 집중을 피하기 위해 입법권, 행정권, 사법권의 셋으로 분산하여 상호 독립함으로써 억제, 조정하려는 이 방법을 오늘날 많은 나라가 채택한 것은 그만큼 훌륭한 합리성과 보편성을 지녔기 때문이리라.

사회주의 체제가 붕괴한 최대 요인은 인류가 축적한 권력에 대한 지혜를 간과하고, 자기 모순의 견본 같은 '좋은 권력'에 대한 환상에 얽매였기 때문이다. 공산당 서기장은 레닌이 남긴 유명한 10월 혁명 슬로건—모든 권력을 소비에트(대의제 평의회)로—에서도 언급된 세속의 3권을 소비에트에 집중시켜 완전한 하부 기관으로 따르게 하였고, 이데올로기의 유일한 최고 신관까지 겸하고 있었다. 당연히 절대 왕권을 가진 국왕조차도 능가할 권력자였다. 게다가 그 최고권력자를 교체하는 규칙조차 설정하지 않았다. 미국이나 프랑스 대통령, 혹은 일본의 자민당 총재 자리도 3선 금지조항을 두고 있는데 말이다.

한편, 입장을 셋으로 나누는 것이 가장 현저히 나타나는 곳은 재판이 아닐까. 서로 대립하는 양 당사자의 분쟁을 제3자가 판단함으로써 최종적으로 결말을 짓는 방법, 즉 재판제도의 기본형은 메소포타미아나 이집트 등 인류의 가장 오랜 문명 사회에서 이미 기능하고 있었다. 이 제도는 아마도 유사 이전에 이미 자연발생적으로 형성되었으리라. 아시다시피 지금에 와서는 거의 모든 나라의 재판이 원고와 피고, 판사라는 기본 3자로 이루어진다. 그리고 이 3자가 서로 유착되는 것을 방지하고 진정한 독립을 유지하기 위해 방청인이라는 네 번째 감시자를 두는 것이 통례가 되었다.

재미있는 것은 앞에서 본 것처럼 권력분립을 포기하고 재판의 독립마저 보장 못하는 소련에서, 학문연구 분야에서만은 재판제도에서 보이는 세 입장, 즉 세 가지 시각이 경합한 끝에 해결을 보는 방법이 맥맥이 이어져왔다는 사실이다.

러시아 말로 학위논문 심사에 통과한 것을 "학위논문 옹호를 성취했다"라고 한다. 이는 학사논문을 포함한 모든 급의 학위논문 심사 절차가 재판 형식을 본뜨고 있기 때문이다. 보통 논문심사는 큰 홀에서 진행되며 모두에게 공개되므로 학우나 친족들, 길 가던 사람까지 방청할 수 있었다. 논문 집필자들은 이 공중의 이목 앞에서 이미 서면으로 제출한 논문의 주된 취지를 발표한다. 그다음, 검사 역할의 교수가 이 논문의 결함이나 약점을 꼬집으며 통과시킬 수 없다고 주장한다. 이에 대해 변호사 역할의 교수(대개의 경우 지도 교수가 맡는다)는 '이 논문은 이런저런 뛰어난 점이 있으며 해당 학문 분야에 이러저러한 공헌을 할 것이다, 그러니 꼭 통과되어야만 한다'고 논지를 편다. 이러한 공방전을 참고한 후, 마지막에 판사 역할의 교수가 판정을 내린다. 이 논문심사 방식은 제정시대 때 서유럽에서 도입되었다 한다.

19세기 반체제 문예평론가 체르니셰프스키[Nikolay Cherny-shevesky]의 출세작이 된 박사논문『현실에 대한 예술의 미학적 관계』[국내 번역본: 신윤곤 옮김, 열린책들, 1990년 출간]의 심사 때, 소문을 듣고 달려온 방청객들로 페테르부르크대学의 커다란 홀은 입추의 여지가 없었단다. 창밖에서 얼굴을 들이민 사람들만 해도 창틀에 주렁주렁할 정도였다고.

멀수록 가까운 이치

모스크바의 일본인

러시아어 통역 일이 지금처럼 바쁘지 않았던 10년 전쯤, 여름과 겨울 단 두 번, 아는 여행사에 부탁해 투어 리더로 일했었다. 공짜로 여행을 할 수 있을 뿐 아니라 비행기까지 얻어 타니 횡재했다 싶은 마음이 들었다.

여행을 즐기는 데는 12~18명 정도가 이상적이다. 한눈에 누가 있고 없는지 파악이 되는 숫자이기 때문이다. 20명이 넘으면 종일 머릿수를 세고 있어야 하니 목동이 된 기분이요, 10명에 못 미치면 단체여행의 즐거움을 맛볼 수 없다.

1986년에서 이듬해 겨울에 걸쳐 모스크바, 레닌그라드(당시 명칭), 키예프로 향하게 되었다.

매해 연말에서 설에 걸친 2주 동안 '러시아의 겨울' 예술제가 열린다. 평소에는 외국이나 지방 순회를 하는 일류 스타 예술가들도 이 기간만은 홈그라운드에 모여 오페라며 발레 공연에서 평소 갈고닦은 최고의 솜씨를 뽐낸다.

원래 추운 나라는 추울 때가 가장 아름답고 지내기도 좋다. 모든 건물이며 도로며 시설들이 겨울을 중심으로 설계되어 있기 때문이다. 게다가 여자들의 옷가지도 겨울 옷이 훨씬 풍성하다. 그러니 러시아를 여행하려면 겨울, 특히 예술제 기간이 좋다고 다들 입을 모은다.

멤버는 이상적인 16명이었다. 의사 부부 세 쌍, 대학교수 부부 두 쌍, 디자이너와 건축가 커플, …… 응? 주로 공연을 보는 여행이기 때문일까. 왜 이렇게 인텔리가 많지?

"어머, 이분은 사장님이시라구요? 어떤 회사를 경영하실까?"

교수 부인 둘이 여행자 명단을 보면서 쑥덕거린다.

"지렁이 양식을 한다고 들었는데요."

화제에 오른 N 씨와 같은 방을 쓰게 된 엔지니어 청년이 정보를 제공한다.

그날 밤은 볼쇼이 극장 귀빈석에서 오페라 〈세빌리아의 이발사〉를 볼 예정이었다.

"줄거리를 미리 말씀드릴까요?"

다소곳이 투어 리더의 매뉴얼대로 진행했더니, 모두들 '무시 말아요' 하는 얼굴이다. 사실 모두 오페라 박사로 보인다. 그때 "저기, 선생님. 오페라가 뭔지 알아야 보지요. 제 자리는 뒤로 주세요. 한숨 푹 잘랍니다"라는 소리가 들려왔다.

그렇게 말한 사람은 '지렁이 양식업'을 한다는 N 씨였다. 조금이라도 좋은 자리를 차지하려 모두들 앞을 다투는 때였으니 투어 리더인 나로서는 더없이 고마운 제안이었다.

제1막이 끝나고 열렬한 박수와 몇 번의 커튼콜이 되풀이된 후 장내가 잠잠해지자 휴식시간을 알리는 방송이 나왔다. 모두가 슬슬 자리에서 일어서려 할 즈음 진심으로 감격에 찬 목소리가 들렸다.

"와, 그 아가씨 목소리 정말 좋데요. 오페라라고 그랬나요? 오페라, 진짜로 좋은 거네요."

N 씨였다. 이 소박하고 솔직한 감동은 오페라 박사라 자부하는 콧대 높은 인텔리 집단으로 하여금 '어쩌면 우리의 감동은 피상적인 것일지도 모르겠다' 싶을 만큼 부끄럽게 할 정도요, 더구나 그 감동의 공명효과에 자기도 모르게 빨려 들어갈 정도로 강한 힘을 지니고 있었다.

이후 오페라의 매력에 푹 빠지게 된 N 씨와 N 씨에게 전염되어 더욱 오페라에 매료된 멤버들의 요청에 따라, 우리는 마치 성지순례하는 신자 집단처럼 가는 도시마다 매일 밤 오페라하우스를 찾았다.

투어 리더인 나로서는 참으로 다행스런 일이었다. 그도 그럴 것이, '러시아의 겨울' 예술제는 소련의 외화획득 정책의 일환이므로 외국인 관광객이 많이 몰린다. 따라서 언어를 몰라도 이해할 수 있는 발레 티켓이 맨 먼저 매진된다. 여행사가 열심히 노력했음에도 불구하고 독일이나 미국 여행사가 2년 전부터 티켓을 왕창 매입해버린 탓에 발레 티켓은 도저히 구할 수 없었다. 여행 출발 때부터 "아니, 발레 티켓 하나 못 구했다니 완전 실망인데"라거나, "이건 닭표 오리발 아냐? '발레, 오페라 감상 여행'이라서 참가했는데 생각한 거랑 너무 다르잖아"라는 불평과 핀잔을 잔뜩 들어야 했으니 사실 많이 괴로웠던 터였다. 그저 머리를 숙이고, 현지에 가서 어떻게든 최선을 다해보겠다고 하라는 여행사의 지시가 있었기에 시키는 대로는 했지만 무슨 수로 티켓을 16장이나 구하겠는가. 기적이 일어나지 않는 이상 절망적인 상황이었다. 앞으로 열흘이나 날마다 죄송하다고 머리를 숙여야 하나 싶어 우울하던 참이었다.

그랬던 것이, N 씨 덕분에 일행 모두가 여우에 홀리기라도 한 듯이 오페라, 오페라만 찾았다. 모두가 앞다투어 N 씨 옆에 앉으려 했고 N 씨의 반응이 궁금해 마른침을 삼키며 그를 지켜보는 것이었다. N 씨가 감동을 받으면 모두들 눈물이라도 흘릴 듯이 기뻐했다. N 씨는 완전히 우리 투어 그룹의 총아이자 중심인물이 되어버린 것이다.

귀국을 하루 앞둔 여행 마지막 날, 모스크바의 레스토랑에서 쫑파티를 했다. 그날도 N 씨가 중심이 되었다. 의사 그룹은 "다음엔 터키를 가려 하는데 같이 가시죠, N 씨"라고 권했고, 대학교수 S 씨는 "N 씨, 이제 슬슬 고백하시죠. 지렁이 양식업은 거짓말이죠? 진짜로 뭘 하시는 분입니까?"라며 다그쳤다.

N 씨는 허허 웃으며 머리를 긁적긁적할 뿐이었다.

"아이구, 선생님들 앞에서 뭘 내세울 게 있어야 말이죠."

"그렇게 감추면 감출수록 더 알고 싶어지잖아요. 가르쳐주세요, 네?" 디자이너 T 여사가 조르니, 이에 합세해 건축가 T 씨도 웃으며 은근히 협박하듯 말했다.

"정말 그렇게 빼시면 룸살롱 사장님으로 여길 겁니다."

이에 N 씨도 체념했는지, "아이구, 나 참. 별 볼 일 없는 복덕방쟁입니다"라며 털어놓았다.

아주 짧은 순간이었지만 N 씨는 지금까지 내가 한 번도 본 적이 없는 섬뜩한 눈초리를 보였다. 찌르는 듯이 예리하고 더할 수 없이 어두우며 범접하기 힘든 매서운 눈. 순간 깜짝 놀라 숨이 멎을 정도였다.

다음 날, 도쿄로 가는 비행기에서 내 옆좌석에 앉은 N 씨는 여느때와 달리 말이 많았다.

"이번 여행 진짜로 좋았습니다. 올해, 아니 벌써 작년이

네요. 작년에 벌이가 짭짤했지요. 돈이 어쩌면 그렇게 재밌게 벌리던지. 그래서 내 두 눈으로 미국하고 중국하고 소련 정도는 한번 봐둬야 되겠다 싶었지요. 미국이라면 하와이에 한 번 가봤습니다. 저녁이 돼도 아무것도 할 게 없더군요. 하와이 댄스는 깊이가 없더라구요. 거기에 비하면 소련은 대국이네요. 오페라는 내 평생 처음 봤는데 좋은 노래가 마음속까지 헤집고 들어오는 것 같달까. 마음 구석구석 씻기는 느낌이랄까. 지금까지는 광고가 나와도 쳐다보지도 않았는데 이제부터는 아침에 신문 오면 그거부터 찾아봐야겠어요. 사는 게 어쩌나 살벌한지. 아가씨는 아마 상상도 못할 겁니다. 다시 태어나면 이런 생활은 안 할 겁니다……."

N 씨는 마치 다시 태어나야 할, 아득히 먼 다음 생을 보는 듯한 눈을 하더니 그대로 입을 다물어버렸다.

디자이너 T 씨에게 전화가 걸려 온 것은 그로부터 반년도 더 지난 9월, 아직 더위가 기승을 부리던 어느 날 오후였다.

"지금 텔레비전에서 떠들어대고 있는 C 상사, 혹시 N 씨가 사장인 회사 아녜요?"

그러던 중에 N 씨의 얼굴이 신문에도 실리고 텔레비전에도 나왔다. 대학교수 S 씨며 의사 M 씨, 그외 투어 참가자들에게 차례로 전화가 걸려 왔다.

"지금 N 씨에게 큰일이 생겼나 봐요."

"전화해봤는데 아무도 안 받아요."

모두들 N 씨를 걱정했다. 물론 나도 N 씨 회사에 전화해봤지만 신호음만 울릴 뿐이었다.

거품경제가 계속 부풀어가자 땅값은 끝없이 치솟았고, 큰 회사들은 앞다투어 땅을 사모으려 광분하던 때였다. N 씨 회사는 달콤하고도 위험한 유혹에 빠져버렸다. 50억 엔, 100억 엔 단위의 가짜 영수증을 발행해주고 그 수수료로 액면가의 10퍼센트를 받았다는 것이다.

모스크바의 레스토랑에서 N 씨가 보였던, 등골이 오싹하도록 섬뜩한 눈초리가 몇 번이고 눈앞에서 어른거렸다.

그러던 사이 N 씨에게서 전화가 걸려 왔다.

"걱정 끼쳐드려서 미안합니다. 같이 여행한 분들께 고맙다고 전해주세요. 저, 내일 체포될 겁니다. 그런데 진짜 나쁜 건 S 부동산, M 부동산 같은 대기업입니다. 내가 입만 열면 진짜로 큰일이 나지요……"라는 말을 남기고 N 씨는 철창 속으로 사라졌다. 결국 그가 '입을 여는 일'은 없었나 보다. 그의 체포와 함께 한동안 매스컴을 시끄럽게 했던 이 사건도 끝을 맺었다.

"나가면 소련 오페라 한 번 더 보여주십쇼"라는 내용의 엽서가 한참 후에 날아왔다. 철창에서 온 편지를 받는 일은 난생처음이라 흥분해서 몇 번이나 다시 읽었다.

그 무렵엔 본업인 통역 일로 무지하게 바빠져서 우아하게 투어 리더 같은 일은 맡을 수도 없게 되어버렸다. N 씨와 그때 멤버들이라면 무리해서라도 시간을 만들어보고 싶었지만, N 씨에게서 출소했다는 엽서를 받았을 무렵 이미 소련이라는 나라는 지구상에서 사라지고 없었다.

대단히 긴 이야기가 되어버렸지만, 오페라를 전혀 몰랐던 N 씨가 혼 속을 파고들었다 느낄 만큼 감동했고 더욱이 그 열정이 평소 오페라를 즐기던 사람들에게까지 영향을 줄 정도였다는 사실이, 나에겐 신선한 발견이자 언제까지나 잊을 수 없는 에피소드였다. 그러나 그 후 이런 현상은 그리 드문 일이 아니요, 오히려 당연하다는 사실을 몇 번이나 확인하게 되었다.

파리의 일본인

이 책의 프롤로그에서 소개했던, 이문화 교류에 관계된 사람이라면 꼭 읽어야 할 『번역사 오디세이』와 『번역과 번역가들』국내 번역본: 송태욱 옮김, 열린책들, 2005년 출간의 저자 쓰지 유미 씨에게 러시아어 통역협회가 주최한 '통역의 여러 문제들' 심포지엄에서 강연을 부탁드린 적이 있다.

그의 저서는 낱말 하나하나를 신중하게 고르고, 문장

하나하나를 생각에 생각을 거듭하여 만든 보석함 같다. 읽어내려갈수록 명석한 논지와 번역에 기울인 정열, 새로운 지식을 알아가는 기쁨에 빠진 저자의 모습에 반하게 된다. 강연 내용 또한 그 이미지를 저버리지 않았다.

쓰지 씨는 원래 생물물리학 연구자였다.

"파리에 살다 보니 번역가의 뒷줄에 서게 되었어요. 나와는 너무도 동떨어진 '언어'라는 세계를 우연히 발견하게 되어 그 재미에 홀딱 빠지게 된 거죠……."

이 말은 그의 저서에도 나온다. 그는 프랑스어를 전혀 모르면서 파리에 살기 시작했고 외국인을 위한 프랑스어 학교를 다니며 초급부터 익혔다 한다.

학교에는 독일, 이탈리아, 영국, 스페인 등 유럽의 거의 모든 나라 학생들이 와 있었다. 물론 베트남, 한국, 중국을 비롯한 아시아에서부터 아프리카, 남북 아메리카에서 온 학생들도 많았다.

초급 코스 때는 유럽계 학생, 특히 프랑스어와 촌수가 가까운 로망스어 계통의 언어를 모국어로 한 학생들이 뛰어나다. 분하게도, 일본인인 쓰지 씨나 다른 아시아계의 학생들이 열심히 예습복습을 해가도 아무것도 안 해온 이탈리아나 스페인 학생들을 못 따라갔다.

초급에서 중급으로 가는 진급시험에 훌륭히 합격한 쓰지 씨였지만 그의 범상치 않은 면모는 다음에서 나타난다.

'내가 시험 문제의 텍스트를 이해할 수 있었던 것은 프랑스어를 알아듣는 힘이나 어휘력에 의한 것이 아니라, 어디까지나 문맥에 비추어 유추했기 때문이다. 전부터 알고 있던 상식이나 교양을 바탕으로 한 것이니 진짜 실력이 아니다'라고 냉철하게 판단한 그는 학교 측에 이야기해 초급코스를 한 번 더 수강한 것이다.

"초급을 철저히 한 덕분에 중급, 상급은 매우 쉬웠어요. 그런데 재미있는 사실은 초급은 술술 해내던 이탈리아인이며 스페인인, 포르투갈인 들의 성적이 전혀 좋지 않았다는 점이에요. 그들 대부분은 도중에서 탈락해버렸지요. 반대로 초급에서 고생한 나는 번역가가 되었고 이제 프랑스어는 생계수단이 되었죠. "

쓰지 씨는 그 후 타밀어에도 흥미를 갖기 시작했다. 언젠가 일본어의 기원이 타밀어라는 논의가 일본 매스컴에서 각광받은 적이 있다. 실제로 그가 조금 배워보았더니 타밀어는 일본어와 어순이 같아서 프랑스어를 배울 때와는 비교도 안 될 만큼 쉬웠단다. 한편 같은 반의 유럽에서 온 학생들은 한눈에도 낑낑대는 것을 알 수 있을 정도였다. "이렇게 어려운 언어는 처음이다"라며 비명을 질러댔단다.

그런데 중급, 상급으로 갈수록 사태는 역전되었다.

"결국 전 타밀어를 본격적으로 익히지 못한 채 도중하

차하고 말았죠. 하지만 그때 같은 교실에 있던 프랑스인 학생은 지금 타밀어 학계의 일인자가 되었답니다"라고 쓰지 씨는 술회했다.

러시아 학교의 비非러시아인

쓰지 씨의 강연을 들으니 떠오르는 장면이 있다. 사실 나도 똑같은 경험을 했었다.

초등학교 3학년부터 중학교 2학년까지 부모님 일로 체코의 수도 프라하에 살면서, 소비에트 대사관 부속 8년제 학교에 다녔다는 얘기는 앞에서도 썼다. 수업은 모두 러시아어로 진행되었으니, 이곳에 입학한 비러시아권 아이들은 처음엔 수업은커녕 싸움도 못했다. 모두가 웃어도 같이 웃을 수 없었다. 선생님과 친구들이 뭐라고 하는지 전혀 알아들을 수 없으니 소외감과 고통을 겪어야 했다.

그런데 어느 나라에서 온 아이든 반드시 1년 이내, 아니 아무리 늦어도 7개월 이내에는 거의 완벽하게 러시아어를 구사할 수 있게 되니 희한한 일이었다. 바벨탑을 건설하여 신의 노여움을 사기 전까지 인류가 하나의 언어를 사용했다는 성서의 픽션이 혹시 논픽션이 아닐까 싶을 정도로 실제로 그랬다. 많은 언어학자들이 지적하는 대로 인류는 한 언어를 익힘으로써 다른 언어를 구사하는 능력 또한 습득하게 되는 것 같다.

그 학교에는 세계 50여 개국 아이들이 다니고 있었는데 가장 먼저 말하기 시작하는 것은 러시아어와 친족관계에 있는 슬라브계 언어가 모국어인 아이들이다. 불가리아인은 한 달 만에, 체코인, 폴란드인, 유고인은 2~3개월 정도면 거의 자유롭게 의사소통이 된다. 같은 인도유럽어족 중에서도 프랑스어, 이탈리아어, 루마니아어, 브라질어 같은 로망스어계를 모국어로 한 아이들, 독어나 영어 같은 게르만어계를 모국어로 한 아이들은 4~5개월 정도 걸렸고 한국어, 몽골어, 일본어 등 언어적으로 멀리 떨어진 말을 모국어로 한 아이들의 경우, 나도 그랬지만 6~7개월쯤 걸렸다.

그런데 재미있는 것은 같은 슬라브계 아이들은 언제까지나 모국어 억양을 버리지 못하고 러시아어에 없는 표현을 당연한 듯이 써 결국 완벽한 러시아어를 익히지 못한다는 점이다. 즉 상대 언어에 대한 모국어의 간섭이 일어난 것이다.

이 러시아어 학교를 졸업한 후, 소련에 가서 학업을 계속해 대학과 대학원을 마친 체코나 폴란드, 유고 친구들이 있지만 지금도 그들은 모국어 억양을 버리지 못한 채 러시아어를 쓰고 있다. 언제까지나 외국인 티가 나는 억양이다.

반대로 일본인이나 아랍인, 조선인 등 러시아어와 동떨어진 언어가 모국어인 아이들일수록 보다 완벽하게 마스터한다. 러시아어 교사 갈리나 세르게예브나 선생님은 곧잘, "마리는 러시아인보다 러시아 말을 잘하네. 얼굴을 안 보고 목소리만 들으면, 누구든 러시아인이라고 생각할 거야"라고 칭찬해주셨다. 언어적으로 멀리 떨어진 동양인이 러시아어를 배운다는 게 얼마나 힘들까 하고 안쓰러워한 부분도 없지 않았겠지만 그렇다고 거짓말을 하시지는 않았을 것이다. 나뿐 아니라 같은 학교에 다니는 여동생이나 몽골인, 조선인 아이들이 모두 그랬으니까.

아무튼 초급을 철저하게 익히는 것이 언어 학습의 기본인가 보다. 하지만 인간의 뇌에는 꾀를 부리는 기능도 이미 설계되어 있는 듯하다. 새로운 것을 익히기 전에 이미 있던 것으로 대체하려는 기능이 자동으로 작동해버리는 것이다. 근접한 언어를 학습할 때는 이 기능이 쉽사리 움직인다고 볼 수 있다. 주관적으로 아무리 저항하려 해도 이 기능을 멈추기는 쉽지 않다. 뇌 속에 자동 제어모드가 들어 있으니 그 모드 자체를 다시 프로그래밍하지 않는 한 불가능한 일이다. 한편, 그 언어와 친족관계가 멀면 멀수록 대체할 패턴이 없으니 꾀 부리는 장치도 작동하지 못한다. 뇌는 보다 겸허하게 그 언어에 접근하여 신선한 발견을 하게 되고 그 언어를 멀리 두고(아니 일부러 노력하지 않아도 처음부터 멀리 있으니) 근원적이며 구조적으로 규명하려는 의지를 무의식 중에 품게 되나 보다.

아무튼 언어 간의 거리가 멀면 멀수록 언어 간섭은 일어나기 힘들다. 게다가 인간이라는 동물은 노력이나 에너지, 시간이며 돈을 많이 들일수록 그 대상에 집착하게 된다. 따라서 극복해야 할 여정이 멀면 멀수록 도달해야 할 목표는 가까워진다는 역설이 성립한다. '망나니 같은 자식이 더 귀엽다'고 부모가 생각하는 것도 그 자식을 키우는 과정에서 고생한 자신을 발견하게 되기 때문이리라.

한편, 소녀 시절에 러시아어를 구사하게 된 나는 대학원 노어노문학 연구과에 진학한 당시, 동급생 어느 누구보다 원서를 술술 읽어냈다. 그런데 그 '술술'이 문제였다. 보다시피 결국 나는 학자가 되지 못했으니 말이다. 하지만 당시의 새싹이던 동기들은 훌륭히 성장해 학계에서 큰 그늘을 드리우는 거목이 되었다.

가까울수록 멀어지고, 멀수록 가까워진다

최근 소련 붕괴 후 생겨난 신생 독립국가의 관료나 기업가들이 시장경제의 원리와 노하우를 배우기 위해 일본 정부나 국제금융기관 등이 개최하는 연수에 참가하는 일이 많아졌다. 그 통역에 동원되어 알게 된 재미있는 사실이 있다.

이런 연수에는 영어도 웬만큼 하고 시장경제의 기초를 배운 적이 있는 사람(대개 젊은 층)들 틈에 중장년 층이 참가할 때가 있다. 그들은 구체제의 중앙집권적인 계획경제 아래에서 꽤 높은 직책을 맡았었지만 시장경제 운용에 대해서는 무지에 가까울 정도요, 당연히 영어도 서툴다.

그들은 이해력도 떨어지고 단어 하나를 가지고 일일이 괴롭히니 다른 우등생들이나 강사들을 짜증나게 한다. 첫 사흘 정도까지 그들은 수업 방해꾼에 열등생이라는 눈초리를 받게 된다.

하지만 조금 더 지나면 그들 덕분에 수업이 보다 깊이 있고 폭넓어진다는 것을 깨닫게 된다. 그들의 질문은 근원적이며 철학적일 정도다. 결국 우등생들은 자신들의 이해력이 얼마나 피상적인지를 깨닫고 부끄러워하게 되고, 강사는 강사대로 지금까지 한 번도 의문을 가져본 적이 없는 문제에 당면해 학문적으로 신선한 자극을 받게 되는 것이다.

입시에 몸이 단 학부형들이나 효율만 중시하는 학교는 학습 이해도에 따라 반을 나누고 싶을 때가 많을 것이다. 하지만 그로 인해 아이들이 얼마나 좋은 기회를 잃는지는 모르고 있다.

아이들을 훌륭한 수험 로봇, 일하는 로봇으로 키우고 싶다면 그보다 더 좋은 방법도 없을 것이다. 하지만 최근 인공지능 개발에 가속도가 붙었으니 자칫하면 로봇은커녕 로봇 조수 정도나 되지 않을까.

추녀의 끈끈한 애정

모스크바의 집시

유원지나 백화점에 가면 부모를 찾는다는 미아 방송을 자주 듣게 된다. 아이들은 뭔가에 열중하면 다른 것은 홀딱 잊어버렸다가 나중에야 정신을 차리고 안절부절 어쩔 줄 몰라 하는 경향이 있다. 모두 어린 시절 한 번쯤은 이런 경험을 해보았을 것이다.

몇 년 전 고베에서 '세계 어린이 박람회'가 개최되었다. 거기서 나는 세계에서 모인 어린이들의 교류를 촉진하기 위해 20개국 이상의 언어로 된 간단한 회화집을 만드는 일에 참여하게 되었다. 그 회화집에도 어린이들이 미아가 되었을 때를 대비하여 필요한 용어나 회화 예문을 실었다. 세계의 어느 나라, 어느 민족에도 '미아'라는 현상이 있고 따라서 '미아'라는 개념도 만국 어디든지 있는 것 같다.

그러나 유랑민인 집시의 아이들은 결코 미아가 되지 않는단다. 이는 러시아의 육아전문가인 니키친 씨에게 들은 얘기다.

니키친 씨의 직업은 예전에는 엔지니어였으나 이제는 육아전문가에 가깝다. 몸소 개발한 독특한 방법으로 기른 일곱 아이들은 모두 건강하고 성격 좋고 두뇌도 남의 눈에 띌 정도로 뛰어났다. 학업 성적도 좋아 월반을 했고 (러시아 또한 미국처럼 월반이 가능하다), 중학생 나이로 대학에 진학함으로써 온 러시아의 주목을 받게 되었다.

니키친 부부가 쓴 육아 경험과 그 방법에 관한 수기가 날개 돋친 듯 팔렸고 일본에서도 『니키친 부부의 일곱 아이들』이란 제목으로 번역되어 쇄를 거듭하고 있다.

그 육아법의 기본적인 특징은 어떻게 하면 아이가 타고난 능력을 최대한 끌어내 발휘하게 하느냐에 있다. 게다가 아이들 능력의 발견과 계발은 빠르면 빠를수록 좋단다. 니키친 부부에 따르면 문명이 발달한 나라의 아이들일수록 과보호되어, 본래 잠재된 능력의 싹이 잘려버린다고 한다.

예를 들어, 러시아의 갓난아기들은 대개 생후 한 살 반까지 기저귀를 차지만 아프리카 아기들은 겨우 반년만에 기저귀를 뗀다. 니키친 씨 집에서는 이 예를 본받아 기저

귀 차는 기간을 점점 줄여갔다. 그러자 이 집 아이들은 석 달 만에 스스로, 기꺼이 변기로 뒤를 가릴 줄 알게 되었단다. 그쪽이 훨씬 쾌적하거니와 엉덩이와 다리가 기저귀에서 해방된 아이들은 정서적으로도 안정될 것이다. 아무튼 아이들이 전보다 훨씬 활발해졌단다.

러시아에서는 아이들이 감기에 걸리지 않도록 옷을 겹겹이 입히는데, 그러면 인간이 본래 가지고 있던 온도 조절 능력 발달이 억제, 저하된다고 한다. 또 인간의 발바닥에는 온도 조절 기능이 모여 있으므로, 사시사철 집 안에서 맨발로 지내게 했을 뿐만 아니라 강추위에도 맨몸 맨발로 눈 속을 뛰어다니게 했단다. 아이들은 싫어하기는커녕 깔깔거리며 정원을 뒹굴며 뛰어다녔다. 결과적으로 일곱 아이들은 감기 한번 앓는 일 없이 튼튼하게 자랐다.

어린이들은 호기심 덩어리다. 뭐든 만져보고 해보려 한다. 그러니 상처가 아물 날이 없다. 부모 입장에선 얼마나 걱정이 될까. 그러니 이건 안 돼, 저건 위험해, 그거 만지지 마, 하며 종일 뒤따라 다니며 예방책 마련에 고심한다. 하지만 이래서는 언제까지고 뭐가 위험하고 무서운 건지 아이들 스스로 파악하지 못하고 자기에게 닥칠 위험에 대한 내성, 자기보호 기능, 위험한 정도를 헤아리는 감각을 기르지 못한다. 그 때문에 부모가 눈을 뗀 잠깐 사이에 목숨이 오가는 큰 사고를 만나는 것이다.

니키친식 육아법에서는 아이들을 위험에서 떼어놓으려 하지 않는다. 아이들이 뜨거운 다리미에 관심을 가진다면 살짝 만지게 한다. 그럼으로써 아이들은 아픔을 동반한 체험을 하게 되고 다리미에서 화상을 입을 수 있고 도처에 위험이 있다는 것을 알고 주의하게 된다. 그 과정에서 아이들은 자신의 한계를 알고 어느 정도 높이에서 뛰어내리면 위험한지, 처음 접하는 것에 어느 정도의 경계심이 필요한지, 위험에 처했을 때 어떻게 대처하면 좋은지 등등 자연스레 위험 관리 능력을 몸에 익히게 된다는 것이다.

이러한 육아이론의 개발자요 실천가라고 해서, 니키친 씨가 차갑고 매몰찬 이론가인 것은 결코 아니다. 그는 아이들을 사랑해 마지않는 인자한 아버지이자 항상 아이들을 주의 깊게 지켜보는 관찰자다.

모스크바 교외에 살고 있는 니키친 일가가 모스크바 중심가에 다니러 나왔을 때의 일이다. 끝에서 두 번째 아들이 미아가 되었단다. 이때의 경험으로 니키친 씨는 미아에 대해서 지대한 관심을 가지게 되었다. 집시의 아이는 결코 미아가 되지 않는다는 정보를 접하자 그는 곧 집시를 관찰하러 나섰다.

모스크바 어느 지하철 역에서였다. 두 집시 여자가 승강장에서 수다를 떨고 있었다. 그중 한 여자는 갓난아기를 안고 있었고 그들의 자식으로 보이는 네댓 명의 소년

소녀(모두 6살 미만 정도)가 뛰어다니며 술래잡기를 하고 있었다. 두 엄마는 수다에 여념이 없었고 자식들에게는 눈길 한번 주지 않았다. 그런데 반대로 아이들은 힐끔힐끔 일정하게 엄마 쪽을 쳐다보는 것이었다.

그러다 두 엄마는 에스컬레이터 쪽으로 걷기 시작했다. 놀랍게도 이때도 엄마들은 아이들에게 시선조차 보내지 않았다. 마치 자기들에겐 딸린 자식이 없다는 듯이 행동했다. 한편 아이들 쪽에서는 이미 엄마들의 움직임을 알아채고 술래잡기를 하면서도 조금씩 에스컬레이터 쪽으로 행동반경을 옮겨갔다.

"부모가 너무 많은 배려를 하면 아이들 스스로 미아가 되지 않도록 주의하고 노력할 여지를 박탈해버리게 된다. 짐시 부모는 아예 그런 배려를 하지 않으니 오히려 아이들의 능력이 커지는 것이다. 미아를 만들지 않으려면 이 방법이 확실하다"라고 니키친 씨는 마무리했다.

개도 고양이도 인간도

인간의 아이들을 키워본 적이 없는 나까지도 군침 삼키며 들을 정도로 니키친 씨의 말 한마디 한마디에 수긍이 갔다.

인간을 키운 적은 없지만 고양이를 기른 적은 있어서, 고양이에 꾀는 벼룩만큼은 아니지만 어느 정도 일반론을 이끌어낼 정도의 경험은 했다.

위험 대처 능력을 떠올리다 보니 생각난 것이 옆집 고양이들이다. 옆집도 온 일가가 고양이를 좋아해서 별의별 고양이를 다 기르고 있었는데 웬일인지 우리 집 고양이에 비해 교통사고가 나는 확률이 현저히 높았다. 두 집 다 항상 서너 마리를 기르고 있었는데, 우리 집 고양이들이 지금까지 교통사고를 당한 적이 한 번도 없는 데 비해 옆집은 요 3년 사이 두 마리가 목숨을 잃었고 두 마리가 장애를 갖게 되었다. 우연으로 여겨지지 않았다. 그래서 니키친식으로 관찰해보니 한 가지 사실을 발견하게 되었다.

우리 집 고양이는 유아기부터(아장아장 걸을 무렵부터, 생후 3개월 정도) 본인, 아니 본묘猫들이 원하는 대로 밖으로 내보내주었다.

새끼 고양이는 인간의 아이와 마찬가지로 자기 능력의 한계를 모른다. 즉 무모하게도 큰 나무에 올라갔다가 내려오지 못해 낑낑대거나 연못에 빠져 익사하기 직전이 되거나 까마귀의 표적이 되거나 아무튼 처음엔 눈을 뗄 수가 없다. 그래도 그런 위험한 경험을 통해 고양이들은 날마다 현명하고 꿋꿋해져간다.

그런데 옆집은 고양이를 너무 아낀 나머지 유소년기(생

후 8개월 정도)까지 집 안에서만 키웠다. 청년기가 되어서야 겨우 이젠 괜찮겠지 하고 밖에 내보내주었다.

하지만 고양이도 인간과 마찬가지로 나이를 먹을수록 환경 적응력이 떨어지나 보다. 이것이 옆집 고양이 네 마리가 자동차에 치인 이유 중 하나가 아닐까 생각하고 있다.

무슨 대단한 법칙이라도 발견한 듯 쓰고 있지만 이미 옛 선인들은 잘 알고 있었다. '사자는 제 새끼를 낭떠러지에 떨어뜨려 시험해본다'라거나 '귀한 자식일수록 여행을 보내라'라는 옛말이 아직까지도 생명력을 잃지 않는 이유는 인간이라는 동물의 학습능력의 한계를 알려주기 때문이다.

'이건 안 돼, 그것도 안 돼, 저건 절대 안 돼'라며 아이들을 꽁꽁 묶어두는 요즘의 학교 교육은 좋지 않은 표본의 하나가 아닐까.

브루스 포글Bruce Fogle 박사는 수의사로서 오랜 경험과 동물행동학 연구의 최신 성과를 정리하여, 개의 몸과 마음을 해설한 저서 『도그 마인드The Dog's Mind』에서 ESP(초감각적 지각), 이른바 초능력 혹은 제6감이라 불리는 능력에 대해 "우리가 아직 모르기 때문에 이해할 수 없는 동물적인 감각"이라 전제하며 이렇게 기록하고 있다.

길 잃은 개가 대륙을 횡단하고, 강을 건너고, 교통량이 많은 도로를 가로질러, 냄새를 추적하는 것도 불가능한 상황에서 무사히 집으로 돌아왔다는 이야기를 흔히 듣는다. (…) 하지만 나로서는 똑같은 의문이 생긴다. 아무것도 보이지 않는 눈보라 속에서 에스키모(이누이트)들은 어떻게 집으로 돌아올 수 있을까. 기존의 오감을 극한까지 동원하여 우리가 아직 이해할 수 없는 지각능력까지 쓰고 있기 때문은 아닐까? (…) 개는 생물학적으로 뼛속까지 아웃도어 전문가다. 개는 감각을 통해 들어오는 정보에 따라 정신구조가 활성화된다. 집 안에서 애완동물로 살아갈 경우 대개의 경우는 그 감각을 다 발휘하지 못한다. 감각적 정보가 많으면 많을수록 그들의 머리는 발달한다. 해부학적으로 보면 감각의 자극은 뇌신경세포의 성장을 돕고 다른 신경세포와 연결되는 것을 촉진시킨다. 즉 새로운 정보를 입수하여 제 몸에 익혀가는 과정에서 신경 네트워크를 확대시킨다. 그 때문에 강아지는 되도록 자극이 많은 환경에 두는 것이 좋다. 강아지를 하루종일 집에 혼자 두면 스스로 자극을 찾으려 할 것이다. 그 행동을 우리는 파괴행동으로 본다. 하지만 그런 자극이 없다면 그들은 스스로 종의 잠재력을 발휘하지 못하고 작은 뇌에 정신은 빈약한 채로 몸만 성장해버린다.

어떠한가? 이 글을 읽고 있자니 개에 관한 설명이지만 다른 동물이나 인간에게도 적용하고 싶어지지 않는가.

우리 주변에도 아이를 극진히 사랑하고 장래에도 행복해지길 원하는 나머지, 태어나서부터 대학을 졸업할 때까지 한 번도 집안일을 시키지 않고, 형제자매를 돌보게 하지 않고, 부모와 조부모의 시중을 들게 하지 않고, 그저 놀거나 공부만 하도록 키우는 사람들이 있다. 그리하여 그 아이들은 그저 자기만을 위해 사는 사람으로 성장한다. 요즘 이렇게 자라난 젊은이가 왜 이리도 눈에 많이 띨까. 무섭다.

아프리카의 일본인

아프리카 대륙 중부의 고원지대에 위치한 U국은 북부 건조지대 빼고는 녹음이 우거진 온난 기후 지역으로, 19세기 말부터 1962년까지 영국 식민지였다.

독립 후에 내전이 끊이지 않았으나 1990년대에 들어서면서 겨우 정세가 안정되기 시작했으며, 전 국민이 참여한 가운데 총선거도 실시되었다.

구리, 커피, 면화 등의 자원은 있지만 국토도 사람들도 피폐해져 경제적으로 자립할 날이 요원한 상태다. 그러나 기후와 풍토가 적절한 덕분인지 훌륭한 면화가 생산된다. 면화 재배와 가공법을 육성, 발전시켜 장래에 나라 경제를 지탱하는 기둥으로 만들 수 있지 않을까. 이런 꿈에 정열을 불태우며 U국 사람들은 열심히 노력하고 있다. 일본의 공공 대외협력기관 사람들도 면화 재배야말로 U국의 자립을 도울 사업으로 보고 음으로 양으로 지원을 아끼지 않았다. 이 사업을 촉진할 해결책은 국내산 면화로 만든 면제품에 대한 국내 수요를 늘리는 것이다. 그런데 이게 어려운 일이다.

이러한 노력은 꾸준히 해나가도 그 성과가 금방 눈에 보이지 않는 데다가, 10년 단위의 장기적인 사업이라 그곳의 매스컴도 거의 무시에 가까울 정도로 다뤄주지 않았다.

그런 중에 자원봉사로 온 젊은 일본 여성이 갑자기 주목받으면서 연일 신문에 나고 영웅이자 스타 대접을 받았다. 일본에서 헌옷을 왕창 모아 와서 U국 사람들에게 공짜로 나누어주었던 것이다. 이런 유의 '지원'은 구 종주국인 영국을 비롯한 선진국에서 곧잘 베푼 것이기도 하다. 온 나라에서 고마워하니 주는 쪽도 기분 좋고, 받는 쪽에서는 공짜로 받으니 또 기분 좋다. 이거야말로 '누이 좋고 매부 좋고'가 아닌가.

이렇게 말하고 싶지만 이런 종류의 '지원'은 면화 프로젝트를 추진하려 의욕적으로 노력한 사람들 입장에서 보면 정말이지 초 치는 일이나 다름없다. 웬만큼 질 좋은 의류가 공짜로 생기는 상황에서 미래조차 불투명한 면화 산업에 밑도 끝도 없이 매달리는 것이 한심한 일로 여겨지기 때문이다.

'선진국'의 친절과 배려 덕에 지금 U국의 면화 프로젝트는 거의 빈사 위기에 놓여 있다.

사랑의 줄다리기

갑자기 고양이 얘기를 하게 되어 죄송하지만, 우리 집 암고양이 비리풀찌는 정말 최고다. 턱에서 가슴, 배, 꼬리 밑부분에 이르는 선은 새하얗고 얼굴에서부터 등, 꼬리의 겉부분은 검은 호랑이 무늬인 잡종이다. 큰 눈은 표정이 풍부한 청록색. 아름답고 엄청나게 머리 좋고 더할 수 없이 잽싼, 인간이 봐도 흠잡을 데 없이 매력적인 고양이다. 맹세코 말하지만 기르는 주인이라 눈이 멀어서가 아니라, 지금까지 길러온 각종 고양이들 중에서도 망설임 없이 최고라 할 만한 녀석이다.

공주에게 구혼하러 오는 귀공자들이 꾀는 것처럼, 비리에게도 자기야말로 임자라는 듯이 수고양이들이 줄지어 구애하러 왔다. 하지만 비리는 상대를 힐끗 쳐다보지도 않는다. 수컷은 짝사랑하는 자의 약점인 듯 저자세를 취한다. 자신의 존재를 어필하기 위한 눈물겨운 노력을 보이며 어떻게든 비리의 눈에 들려고 조금씩 거리를 좁혀간다. 비리는 완전히 무관심한 태도로 털을 고르고 있다. 그러다가 그저 돌이라도 보듯이 어쩌다 힐끗 눈길 한번 주면 수컷은 무척 당황한다. 황송한 마음에 눈을 깜박거리거나 땅바닥만 보면서 결코 마돈나와 눈을 마주치지 못하는 눈치다.

간신히 수컷이 어느 정도까지 다가가면 비리는 자기 비위를 건드렸다는 듯이 끽 하고 히스테릭한 소리를 내며 상대를 쫓아버린다. 이때, 비리의 표정이며 목소리에는 '그렇게까지 하지 않아도 되잖아' 싶을 정도로 노골적인 혐오감이 드러난다. '너랑 같은 공기를 마시는 것조차 싫어'라고 말하는 듯하다.

그렇게 당하고도 어김없이 매일 찾아오는 고양이(희한하게도 자신감 과잉으로 보이는 마초 타입)도 있지만 대개의 수고양이는 비참할 정도로 풀이 죽어 터벅터벅 돌아간다.

내가 외출할 때면 비리는 배웅해주러 집에서 200미터 정도는 따라온다. 그러면 도대체 어디에 다들 숨어 있었나 싶을 정도로 많은 애완고양이, 길고양이 들이 나타나 반한 눈으로 비리를 쳐다보고 있다. 비리도 이런 상황을 잘 알고 있는 것 같다. 꼬리를 착 세우고 오만하기 짝이 없는 얼굴로 턱을 살짝 위로 쳐든다. 물론 두리번거리거나 곁눈질하는 짓 따위는 절대로 하지 않는다. 아무튼 여왕처럼 잔뜩 폼 잡고 '워킹'을 선보인다.

어느 날, 그런 워킹으로 아름다운 목련꽃을 피운 정원이 엿보이는 산울타리를 지나칠 때였다. 영장류 인간인 내 눈에도 정말 핸섬한 고양이가 초연히 앉아 있었다. 지금까지 본 적이 없는 젊고 새하얀 수컷이다. 한눈 한번 팔지 않고 워킹을 선보이던 비리가 갑자기 뚝 멈춰 섰다. 아, 요놈에게 지금 전류가 찌르르 흘렀구나 싶다. 틀림없이 한눈에 반한 걸 거야. 어느새 비리는 뚜벅뚜벅 상대방에게 다가가더니 느닷없이 볼을 비볐다. 핸섬 고양이는 이 갑작스런 상황에 어찌해야 할지 몰라 난감해 보였다. 아마도 인간이라면, 당황해서 얼굴이 새빨개진 것이리라.

내가 깜짝 놀란 것은 그다음 비리의 행동이었다. 갑자기 방향을 휙 바꾸더니 언제 볼을 비볐냐는 듯이 화드득 그 자리를 떠나 달아나버렸다. 수컷은 저도 모르게 비리의 뒤를 따랐다. 상대가 따라오는 것을 확인하자 비리는 속도를 조절했다. 상대의 걸음이 빨라지기 시작했다고 느껴지자 비리는 딱 멈춰 서더니 힐끗 목을 돌리면서 도전적인 눈빛으로 핸섬 고양이를 바라보았다.

사랑의 줄다리기에 익숙지 않은지 수컷은 움찔하고 놀

라 몇 걸음 뒤로 물러선다. 그러면 비리는 다시 몸을 돌려 달아난다. 물론 수컷은 그 뒤를 또 따른다. 이렇게 몇 번을 계속하면서 두 마리 사이의 거리는 점차 좁혀졌다…….

비리가 언제나 사랑의 승자인 이유, 언제나 인기 최고인 비결을 엿본 것 같았다. 비리는 결코 사랑에 허우적대지 않는다. 상대의 심리를 계산하는 냉정한 판단력, 강한 의지력에 내심 탄복했다.

결코 자기 쪽에서 상대를 쫓지 않고 상대가 자기를 쫓아오게 만드는 비리의 노련함은 모스크바의 집시 엄마가 자식들을 미아로 만들지 않는 노하우와 통하지 않을까.

'추녀의 끈끈한 애정'

아시다시피 '추녀'는 마음가짐이 나쁜 여자가 아니라 외모가 별로인 여자를 뜻한다. 못생긴 여자는 미녀에 비해 과도하게 애정을 베푸는 한편 질투가 심하다는 뜻을 바탕으로 '추녀의 끈끈한 애정'은 '달갑지 않은 애정'이라는 뜻으로 알려진 문구다.

이 문구의 의미를 다시 살펴보고 싶다. 내가 외모에 자신이 없어서인지, 원래 외모의 미추는 '제 눈에 안경'이나 '사람마다 가지각색'이라고 하듯이 대단히 주관적이고 정의하기 어려운 범주에 속한다고 생각한다. 어쩌면 추녀라서 애정이 있는 게 아니라 속정을 보이니 추녀로 여겨지는 것이 아닐까.

19세기에서 20세기 전반에 걸친 소설 중에 모파상이며 투르게네프, 모리 오가이며 나가이 가후에 이르기까지, 쫓아다니던 여자가 도망가면 남자 주인공은 몸도 마음도 달아오르지만, 반대로 여자가 반해서 쫓아오면 마음이 쌩하니 식어가는 과정을 사실적으로 설득력 있게 묘사한 작품은 왜 그리도 많은가. 이 세상 사람인가 싶을 정도로 아름답던 여자가 점점 지겨워지면서 더없이 추한 여자로 보이는 남성 심리의 잔인한 진실을 파헤쳐주고 있다. 도망가면 쫓고 싶고 잡으러 오면 도망치고 싶어하는 마음을.

미국 영화 〈위험한 정사〉(사족이지만 홍콩에서의 제목은 〈치명적 흡착〉이라고 한다)에서 이 과정을 섬뜩하게 그리고 있어 기억에 생생하다. 마이클 더글라스가 분한 주인공과 함께 우리는, 처음에는 더할 수 없이 매력적으로 보이던 여주인공(글렌 클로즈 분)이 점점 귀찮고 무섭고 추악한 모습으로 변모해가는 모습을 볼 수 있다.

반대로 푸쉬킨의 운문소설 『예브게니 오네긴』이나 비스콘티 감독의 〈이노센트〉에는 남자의 오만함이 역이용당하는 구조가 나온다. 오네긴은 시골뜨기 타티야나에게 연애편지를 받을 때는 이까짓 것 하고 내팽개치더니, 몇 년 후 타티야나가 장군과 결혼하여 사교계의 꽃이 되자 이루어질 수 없는 사랑의 포로가 된다. 〈이노센트〉의 주인공은 부인이 괴로워하든 말든 여자 꽁무니를 쫓는 데 여념이 없었지만 부인이 다른 남자와 사랑에 빠지자 그제야 부인에게서 여자로서의 매력을 발견하게 된다.

호오, 그런 거로구나. 남자를 이쪽에서 쫓아다니면 안되는구나. 남자에게서 도망가야 남자를 낚을 수 있다고? 나는 스무 살 전에 이미 이 사실을 간파했다. 하지만 알고 있는 것과 실전은 다르다. 나는 도망가는데 상대방이 쫓아와줘야 말이지!

육아와 남녀관계 외에도 이 진리는 적용 범위가 꽤 넓지 않을까 싶다.

일본 외교의 근간인 대미 관계로 한번 비약해보자. 미국에 대한 일본의 엄청난 짝사랑, 보답 받지 못할 친절, 반론 없는 맹종은 좋든 나쁘든 절대적 추종이다. 한때 『NO라고 말할 수 있는 일본』이라는 책이 베스트셀러였을 만큼 일본의 대미 추종은 추할 정도다. 더구나 그런 일본을 미국은 깔보고 무시한다(예를 들자면 한도 끝도 없다). 아니, 그러니까 깔보고 무시하는 거겠지. 나나 당신 또한 그런 타입은 애인으로 인정할 수 없을 테니까.

호랑이의 위세를 빌리려는 여우는 결코 사랑도 존중도 받을 수 없다는 것은 국제사회에서도 예외가 아니다. 미국뿐 아니라 다른 어떤 나라도 존중해주지 않을 거라는 사실은 국제회의에 나가보면 엄청나게 둔하지 않다면야 금방 알 수 있다. 사람도 국가도 스스로를 존중하지 않으면 다른 이들에게 멸시당한다. 이는 지극히 당연한 일이다.

소련 붕괴 후, 세계의 유일한 초강대국이 된 미국은 예수회 선교단처럼 융통성 없는 정의를 외치면서, 일본 패전 직전에 원자폭탄, 한국전쟁 때는 융단폭격, 베트남전쟁 때는 북베트남 공격과 고엽제 살포, 걸프전 때는 핀포인트 폭격 등, 아무튼 적이 되면 완전히 벌레 취급하니 이렇게 위험한 나라도 없다. 그러니 미국에 대해 신중에 신중을 기해 대처해야 함은 분명한 사실이다. 그렇다고 몸도 마음도, 내 모든 순정 다 바쳐서는 안 된다. 연기라면 그래도 구제할 구석이 있다. 연기법을 바꾸면 되니까.

이 세상에는 많고 많은 남자, 아니 나라들이 있으니 다른 나라에 마음이 기운 모습을 보이거나 좀 의연한 태도를 보이면 어떨까.

인간이　잔인해질　때

우주의 일본인

모스크바 남동 2000킬로미터 위치에, 중앙아시아의 적갈색 대평원이 끝없이 펼쳐진 살풍경한 곳이 있다. 그 옛날 스탈린은 여기에 강제수용소를 만들었다. 사방에 가도 가도 풀 한 포기 보기 힘든 끝없이 막막한 지평선이 이어진다. 아무리 걸어도 혹시 내가 제자리걸음을 하고 있는 건 아닐까 하는 착각이 들 정도로 아득하다. 확실히 여기는 천연의 감옥, 아니 지상의 지옥이다. 죄수들의 탈출 의지를 꺾기에 충분한, 절대적이고 무한한 무無…….유有한 것은 하늘과 땅뿐. 그 대신 밤이 되면 크고 작은 무수한 별들이 아름답다. 상하좌우·전후의 끝없는 암흑 속에서 별들이나마 자신의 존재를 알리려는 듯하다.

구리 광산이 있어 그런지 토박이인 카자흐스탄 사람들

은 이곳을 바이코누르(갈색의 보석)라 불렀다. 바이코누르는 나중에 세계 최대의 우주기지 이름이 되었다. 수용소를 없앤 후, 소련 정부는 이 황량한 대지에 기지를 건설했다. 면적은 일본 시코쿠의 반이요, 미국 케네디 우주센터의 9배가 된다. 당시 소련에 속했던 카자흐스탄 공화국 내에 있다.

1990년 12월 1일, 이곳 코스모나프트 호텔 내의 큰 홀에서 이날 우주를 향해 떠날 아키야마 도요히로 씨를 비롯한 팀원들의 기자회견이 있었다. 프라이머리(정正)와 백업(부副), 양 팀원 여섯 명은 발사 2주 전부터 이곳에 격리되어 마지막 조정에 들어갔다. 우주정거장에 병원균을 옮기지 못하도록 일반인의 출입은 엄금되었고 특별허가를 받아도 엄격한 의학 검사와 멸균과 소독을 거쳐야 들어갈 수 있었다. 이날의 기자 회견도 유리 벽을 사이에 두고 진행되었다.

아키야마 씨는 일본인 기자의 질문에는 일어로, 러시아 기자의 질문에는 러시아어(?)로 답했다. 최근 1년 반 동안 매일 러시아어 훈련을 받았으리라. 그런데 무슨 소리인지 하나도 못 알아듣겠다. 다른 러시아 기자들도 고개를 갸우뚱한다. 그러나 동시통역을 맡은 야마시타 겐지 씨는 당황하지 않고 이런 자리에서 있을 법한 말을 '술술' 풀어냈다.

'와, 역시 베테랑이다. 그럼, 프로라면 이 정도는 돼야지, 암.'

혼자 감탄하고 있다가 꼭 1년 반 전에 아키야마 씨와 나눈 말이 생각났다.

TBS 방송국 외신부 뉴스 통역으로 나가 있던 나는 아키야마 씨의 얼굴을 알아보고는 말을 걸었다.

"아저씨! 그 연세에 채찍질해가며 열심히 사시네요."

좀 있으면 50세가 되는 아키야마 씨가 무모하게도 우주 비행사 선발에 도전하는 것을 비꼰 말이었다. 이런 미운 소리를 해도 아키야마 씨는 싫어하지 않고 너 잘 만났다는 듯 옆에 와서는, "아줌마도 학습능력 많이 떨어졌던데. 노화현상 시작된 거 아냐? '남을 저주하면 무덤 두 개'남을 해하면 자신에게도 피해가 돌아온다는 속담 몰라? 하늘 보고 침 뱉기가 따로 있나, 원. 서로 나이도 별 차이 없으면서"라고 말했다.

"무슨 말씀. 아저씨는 '60년대 안보'미일안전보장조약. 1951년 미국과 일본이 양국의 군사적 관계를 규정한 조약 시대, 난 '70년대 안보' 시대. 난 꽃다운 30대, 아저씨는 쉰 고개. 엄연히 세대가 다르다구요, 세대가. 영원히 메울 수 없는 골이 있다 이거죠."

"그게 말야, 나도 상태가 꽤 괜찮았다구."

아키야마 씨가 갑자기 정색을 한다.

"나이 마흔일곱에 시력은 맨눈으로 1.5, 충치 제로. 어때? 굉장한 거 아냐? 두고 보라구. 1차 심사는 자신 있어. 게다가 장기도 튼튼하니까 2차 심사도 아마 문제없을 거야'라고 자평한다.

"이히히히, 스트레스 쌓일 틈이 없으니 당연히 아저씨 장기가 튼튼하시겠죠. 도화선이 짧아서 아무나 보고 폭발해서는 속엣걸 쏟아내버리니."

말하고는 아차 싶었지만 이런 말쯤에 상처 받을 약골이 아니다. 아니 이런 타입은 오히려 칭찬에 약하다.

"근데 우주에 가고 싶어하시다니 의외로 로맨티스트시네."

듣고 보니 스멀스멀 간지러운지 아키야마 씨는 양복 입은 등을 소파에 대고 문지른다.

"와, 싫다 싫어. 빈대 키우세요? 이쪽으로 옮기지 마세요."

"히히, 근데 말야, 선발에 떨어진다 해도 밑져야 본전이란 말씀이야. 공짜로 건강진단 받을 수 있으니 말야. 심사 받는 동안 일도 당당히 쉴 수 있지. 이걸로 운 좋게 3차 심사를 통과해서 모스크바의 최종 심사까지 가는 날이면, 보자……. 출장 처리를 받게 되니까 수당이 얼마, 월차가 며칠……."

손가락을 꼽으며 셈을 시작한다.

"와, 쪼잔하시기는……. 완전 아저씨네요."

이러는 사이 나를 부르는 소리가 들렸다. 내 차례가 온 것이다. 나는 일어서면서 아키야마 씨의 어깨를 툭툭 치고는 외쳤다. "파이팅! 중년의 별!"

우주 개발은 방위산업과 직결되어 있으니 미국에서도 소련에서도 최고 기밀에 속했다. 냉전시대에는 서방 측 사람이 소련의 우주선에 탄다는 건 있을 수 없는 일이었다. 아니 상상조차 불가능한 일이었다. 그랬던 것이 고르바초프의 페레스트로이카 덕분에 갑자기 현실이 된 것이다.

소련 우주국과 TBS 방송국의 상업적 계산이 맞아 떨어져 계약을 맺게 되었다. 방송국 사원을 우주선에 탑승시키고, 그 비행사의 선발, 훈련, 로켓 발사, 우주 체재부터 지구 귀환까지 모두 촬영 중계한다는 계획이었다.

일본인 첫 우주비행사가 될지도 모른다, 또 세계에서 처음으로 저널리스트가 우주를 방문한다. 이런 사상 초유의 프로젝트 주역이 되려고 TBS 본사와 그 관련 회사 직원들이 우주비행사 후보에 다투어 응모했다. 아키야마 씨는 첫 번째 모집에서 유감스럽게도 3차 심사를 통과하지 못했다. 마지막까지 남은 사람은 카메라맨 기쿠치 료코 씨 단 한 사람이었다.

우주비행은 거액이 드는 프로젝트다. 예측불허의 사태로 예정된 비행사가 탑승할 수 없게 될지도 모른다. 그런 경우에 대비해 우주비행사는 발사 당일 직전까지 반드시 프라이머리와 백업이 짝지어 같은 내용의 훈련을 받는다. 유리 가가린도 발렌치나 텔레시코바도 사실은 프라이머리와 백업 중에서 백업, 즉 메인이 아닌 서브, 다시 말해 스페어 요원이었던 걸 아시는지. 가가린의 경우, 발사 직전에 프라이머리 비행사가 겁을 내 우주선에 못 타겠다고 하는 바람에 인류 첫 우주비행사가 되는 영광을 안게 되었다. 텔레시코바가 첫 여성 우주방문자가 된 것은 발사 전날, 프라이머리 비행사가 너무 흥분했던 모양인지 예정과 달리 월경을 시작해버렸기 때문이라 한다.

이러한 이유로 모스크바에서 최종 심사에는 적어도 2명 이상의 후보가 필요했다. 당연히 재모집 공고가 났다.

3차 심사에는 소련에서 우주의학 전문의까지 불러왔기에 내가 통역으로 불려가 심사 과정을 내내 지켜보게 되었다. 그런데 뽑힌 멤버들을 보니 뭔가 못미더웠다. 두 번째 모집에서 3차 심사까지 남은 사람은 모두 20대였다. 건강했지만 겨우 신입사원 딱지를 뗀 듯하니 아무래도 저널리스트라 내세우기는 뭐했다.

그러던 중 이 젊은이들조차 건강 면에서 이것저것 문제가 드러나기 시작했다. 이에 소련 의사들도 초조해하기 시작했다. 혹시 아무도 남지 않으면 어쩌나 하고.

"이렇게 됐으니 아무나 추천해봐요"라고 나에게까지 말할 정도였다. 그들이 귀국하기 사흘 전쯤이었을까. 나는

"베트남 취재며 레이건 대통령을 인터뷰한 경험도 있고, 〈워싱턴포스트〉지에서 외국특파원 1위로 뽑힌 적도 있는 훌륭한 저널리스트가 있어요" 하고 운을 떼보았다. 이에 그들은 바짝 흥미를 보였다. 첫 모집에서 떨어뜨린 것쯤은 상관없나? 모든 걸 융통성 없이 꼬장꼬장하게 해결하나 싶더니 이렇게 적당히 넘어가려 하다니. 이런 차이의 스케일이 또 러시아인답긴 하지만.

이렇게 해서 다시 물망에 오른 '비합법 합격자'는 그 후 거짓말처럼 척척 다음 단계로 나아갔다. 모스크바의 최종 심사에서 젊은 후보들이 차례로 평정심을 잃고 정서적 불안이 즉각 고열과 설사, 감기 등 신체 반응으로 이어지며 떨어져 나갔다. 이를 옆에서 지켜보면서, 아키야마 씨는 타고난 배짱을 무기로 마지막까지 버텼다. 그 후 1년 남짓한 훈련을 거쳐 프라이머리 비행사 자리를 꿰어차고 지금 눈앞에서 기자회견을 하고 있다……

이듬해 1990년 12월 2일, 모스크바 시간으로 오후 1시 13분 32초, 아키야마 씨를 궤도 스테이션 '미르'로 보내는 운반기 소유즈 TM-11을 실은 로켓이 발사되었다.

발사 직전까지 나는 발사대가 설치된 지점에서 약 1.5킬로미터 떨어진 관람석 근처의 작은 방에서, 기내 우주비행사들과 지상 간의 교신을 동시통역하고 있었다. 발사된 지 몇 분 후 통신이 끊어졌다. 그 순간을 기다렸다가 밖으로 뛰어나갔다.

하늘이 찢어지고 땅이 꺼지고……. 그 전에 내 고막이 찢어져버리는 건 아닐까. 굉음이 대지를 흔들고 그 진동이 땅을 타고 다리로 전해온다. 다리에 힘을 주고 버텨보았으나 어디를 붙잡지 않고는 날아가버릴 정도로 힘이 어마어마했다.

소유즈 TM은 본체가 50미터, 총 중량이 30톤이니 발사용 2단 로켓까지 더하면 높이가 80미터나 된다. 25층짜리 빌딩만 한 거대한 물체가 불을 뿜으며 솟아오른 것이다. 그것이 똑바로 돌진하나 싶더니 눈 깜짝할 사이 점처럼 작아지면서 하늘 속으로 빨려들어갔다. 발사 8분 50초 후면 지상 400킬로미터 궤도에 도달하니 초속 760미터, 즉 신칸센 열차 10배의 속도로 상승했다는 계산이 된다.

그런 사전 지식이 머릿속에서 맴돌았지만 어찌된 일일까, 눈시울과 콧등이 찡하며 뜨거워지더니 어느새 질펀하게 뭔가가 흘러내렸다. 나는 나 스스로를 객관적이고 분석적이며 냉정한 인간이라 생각해왔다. 로켓 발사 정도로 감격의 눈물을 흘리는 부류의 인간이라고는 생각해본 적도 없다.

그런데 왜 눈물이 날까. 안정을 되찾고 생각해보았다. 요 2년간 이 프로젝트에 관여하면서, 인간을 우주에 보내기 위해 무수히 많은 사람들의 시간과 노력, 에너지, 재화

등의 자원이 천문학적인 규모로 쓰이는 것을 보았다. 그런 방대한 인간의 지식과 엄청난 자원의 결정체가 순식간에 하나의 점이 되어 사라졌다. 인간의 위대함도 우주 앞에서는 허무할 정도로 왜소하다는 것을 단 한순간에 이만큼이나 강렬하게 겪어본 적이 없었다. 충격이 컸다는 것을 부정할 수 없다.

하지만 나의 눈물샘이 넘친 가장 큰 이유는 그 위대하고도 허무한 탈것에 신도 성인도 아니요, 유리 가가린도 닐 암스트롱도 아닌, 좋게 말하면 인간답지만 굳이 말하자면 결점투성이의 아키야마 씨, 내가 잘 아는 아저씨가 타고 있었기 때문이 아닐까 하고 생각했다.

아니, 가가린도, 달 표면에 착륙한 우주비행사 제1호 암스트롱 선장도, 가까운 사람들이 보면 그냥 보통 아저씨일 테지. 이렇게 정서는 보다 가깝게 느끼는 것에 더욱 강하게 반응하나 보다.

아우슈비츠의 여간수와 〈살인광시대〉

그런 의미에서 전쟁을 막는 가장 좋은 수단은 다른 나라 사람들과 되도록 자주, 직접 사귀는 것일 테다. 하지만 이 또한 그리 쉬운 문제는 아니다. 무엇을, 또 누구를 보다 친근하게 여기는지는 사람에 따라 다르기 때문이다. '개, 돼지같이 취급'한다거나 '벌레처럼 죽인다'는 관용구로 판단하건대 꼭 생물학적으로 인간에 가깝다고 해서 친근함을 느끼는 것 같지는 않다. 기르던 풍뎅이나 잉꼬가 죽었을 때가, 타인의 사망기사를 접할 때보다 훨씬 슬프다.

인간 일반보다 동물 일반 쪽에 친근함을 느끼는 사람은 얼마든지 있다. 자국 정부가 베트남에 1제곱미터에 하나 꼴로 융단폭격을 가하거나 말거나 전혀 동요하지 않던 여자들이 고래가 불쌍하니 잡지 말라고 눈물로 호소하기도 한다. 유출된 석유에 발이 빠져 허우적대는 물새를 동정하면서도 바그다드에 핀포인트 폭격을 하는 데에는 박수갈채를 보내는 사람도 얼마든지 있다. 그러니 '동물을 사랑하는 사람은 마음이 착하다'고 순진무구하게 말하는 사람이 있으면 나는 부글부글 끓다가 더 참지 못하고 말한다. "어머, 히틀러도 개를 얼마나 좋아했는지 몰라요. 인간보다 훨씬 더." 이렇게 싫은 소리를 하면서 밉상을 떤다. 때로는 그것도 모자라 옛날에 본 영화 이야기까지 꺼낸다.

나치 독일이 유럽 각지에 설치한 수용소에서 600만 명 이상의 유대인이 강제노동, 영양실조, 전염병, 총살, 독가스 등으로 학살당했다는 사실은 잘 알려져 있다. 그중에서도 최대 규모였던 아우슈비츠 수용소는 늘 25만 명이나 수용할 수 있었으며, 그곳에서 400만 이상이 죽었다. 이 거대한 살육시설에는 여자와 아이들을 수용한 전용 구역이 있었고 그 책임자는 여자였다.

영화의 제목은 잊었지만, 여간수가 수용자들을 가스실로 보내는 트럭을 점검하던 장면은 잊히지 않는다. 팔짱을 끼고 감독하듯 서 있는 이 여자 앞을 트럭들이 연이어 흙먼지를 일으키며 통과하던 중, 갑자기 강아지 한 마리가 튀어나왔다.

"안 돼!"

소녀 같은 비명의 주인공은 그 여간수. 모든 차를 정지시키더니 강아지에게로 달려가 애틋하게 안아 올렸다.

"아이구, 불쌍한 것. 하마터면……"

코맹맹이 소리로 속삭이며 부드럽게 볼을 비볐다.

자신의 절친한 동지들까지도 뿌리째 살육하고 수백만 자국민도 숙청이라는 이름으로 총살하거나 강제수용소로 보낸 스탈린도, 어머니나 딸에게 보내는 편지에는 더할 수 없이 감미롭고 자상한 말로 섬세한 마음 씀씀이를 보여주었다는 것은 널리 알려진 예다. 혹은 잔인하기 그지없는 마피아 두목이 육친에게 품은 깊은 정은 〈대부〉에서 이미 보았다.

천재 채플린 또한 〈살인광시대〉에서 잔인한 인간의 친절함 또는 선한 인간의 잔인함을 잘 보여주고 있다. 채플린이 분한 주인공은 부유한 독신녀와 차례로 결혼해 죽인 다음 그 재산을 가로챘다. 장애인인 아내와 하나뿐인 자식을 고생시키지 않기 위해서다. 물론 가족들은 주인공이 그런 끔찍한 일을 저질러 돈을 벌고 있다는 사실을 모른다.

한탕하고 난 채플린은 마치 출장에서 막 돌아온 세일즈맨처럼 사랑하는 가족의 품으로 돌아온다. 아내와 아들을 세심하게 배려하는가 하면, 꽃을 돌볼 때는 벌레조차 죽이지 못한다. 아들이 고양이 꼬리를 잡고 놀자, "그럼 안 되지. 우리 도련님, 조금 잔인한 데가 있네"라며 걱정스러운 듯 중얼거린다.

인류는 사랑해도 이웃은……

확실히 물리적으로 가까우면 친근하게 여기기 쉽다. 하지만 성서의 「마태복음」을 들먹이지 않더라도, '이웃을 사랑하라'는 덕목이 기독교도뿐 아니라 일반인에게도 널리 알려져 있다는 것을 생각해보면 되레 물리적으로 가까운 사람, 즉 이웃을 사랑한다는 것이 얼마나 어려운 일인지 알 만하다.

현대 일본교육계의 최대 골칫거리인 이지메 문제가 금

방 떠오른다. 전쟁 전후, 일본인이 지리적으로도 인종적으로도 가까운 '이웃' 한반도나 중국에 저지른 잔학한 범죄도.

하이네, 카프카, 마르크스, 프로이트, 후설, 루카치, 말러 등, 19세기 말 이후 요란하게 꽃피운 근대 독일문화는 유대인의 공헌 없이는 상상할 수 없다. 독일과 중·동부 유럽에 거주한 유대인의 언어 이디시어가 얼마나 독일어와 흡사한가에서도 볼 수 있듯이, 그리고 세계 각국에 퍼져 사는 유대계 사람들의 이름 가운데 대다수가 독일어 이름인 아인슈타인이나 바세르만인 것에서 추측할 수 있듯이 오랫동안 독일인에게 유대인은 이름 그대로 '이웃'이었다. 그 이웃에게 독일인이 보여준 잔인한 행동은 그야말로 전무후무하지 않을까.

최근의 예로는 구 유고에서 일어난 다민족 간의 전쟁이 있다. 내가 프라하의 소비에트 학교에 다닐 때 단짝이었던 야스나는 유고인으로, 세르비아족과 크로아티아족의 공용어인 세르보크로아티아어가 국어였다. 나는 세르비아인과 크로아티아인은 오사카와 교토 같은, 그러니까 간사이 사람처럼 가까운 한 지방 사람이라고 이해하고 있었다.

그런데 1995년 가을, 신 유고 연방 수도 베오그라드로 야스나를 찾아 나섰을 때, 그녀가 보스니아의 무슬림이라는 것을 알게 되었다. 야스나도 야스나의 부모님도 이슬람교도가 아니었고 그런 것을 의식조차 하지 않고 살아왔다. 그러던 것이 구 유고 연방이 붕괴되고 구 연방국 간, 그리고 국내 각 민족 간에 피를 피로 씻는 분쟁이 격화되자 어쩔 수 없이 의식하게 되었단다. 차로 한 시간이면 국경에 닿는 보스니아와는 교통도 전화도 우편도 단절되었다. 연금생활로 고향 사라예보(보스니아의 수도)에 사는 부모님과는 이미 4년이나 만나지 못했고 미국에 사는 남동생을 통해 그저 안부나마 전해 듣고 있을 뿐이었다.

세르비아인이 다수파인 신 유고에서 비非세르비아인은 점점 살기 힘들어진단다. 공무원이던 그녀는 보스니아 출신 무슬림이란 사실 때문에 견디다 못해 사표를 냈다.

"누구 눈에도 띄기 싫어. 그저 공기 같은 존재가 되고 싶어."

이렇게나 궁지에 몰려 있다니. 언제나 침착하고 똑똑하고 반에서 첫손으로 꼽히는 우등생이었던 그녀의 말에 가슴이 메었다.

더욱 놀라운 사실이 있었다. 한 언어의 두 가지 사투리 정도로 생각했던 세르비아어와 크로아티아어를 인위적으로 점점 '멀어지게' 하는 정책을 크로아티아 정부가 추진 중이란다. 믿을 수 없지만 이 정책에 크로아티아의 저널리즘까지도 전적으로 협력하고 있다고 한다. 이전에는 세르비아인이 크로아티아어 텔레비전, 라디오, 신문, 잡지를 마치 교토인이 오사카어를 알아듣듯이 사전 없이도 99.9퍼센트 알아들었다지만, 지금은 무슨 말을 하는지 도통 모르게 되어버렸단다.

흔히 민족이란 개념을 두고 '일정한 국토와 언어, 고유의 문화를 공유한다'고 이해하고 있지만 이 얼마나 어쭙잖고 조작 가능한 개념이란 말인가.

앞에서 나도 '유대인'이란 말을 썼는데, 이런 말은 인종적으로 그런 민족 자체가 존재하는 듯한 인상을 준다. 모세의 가르침을 믿는다는 기준으로 본다면 정확하게는 유대교도라 해야 옳을 것이다. 하지만 유대교를 믿는 조부모나 부모 아래서 태어난 사람을, 그 종교를 믿든 믿지 않든 유대인으로 판단하려는 '피의 논리'가 있다. 예를 들어, 나치 제3제국 정부의 뉘른베르크 법에는 '유대교도가 아니더라도 조부모 4명 중 3명이 유대인이면 유대인으로 간주한다'는 규정이 있었다.

가까운 자들을 멀리하고 가변적인 것을 불변의 것으로 만들려는 허구에 의한 관념 조작, 그것도 국가적 규모의 관념 조작은 얼마나 무서운 것인지.

'아톰'을 쓴 만화가 데즈카 오사무의 『아돌프에게 고한다』는 세상에서 둘도 없는 죽마고우가 관념 조작의 포로가 되어 서로를 증오하고 죽이려는 가운데 적이 되어가는

과정을 잘 묘사하고 있다

애국주의는 깡패들의 마지막 방패

'애국주의는 깡패들의 마지막 방패'라는 말을 쓴 18세기 영국의 문호이자 영어사전 편찬자 새뮤얼 존슨^{Samuel Johnson} 박사에 대해, 앰브로스 비어스^{Ambrose Bierce}는 『악마의 사전』^{국내 번역본: 정시연 옮김, 이른아침, 2005년 출간}에서, "애국주의는 깡패들의 마지막이 아니라 첫 방패"라고 반론하면서 "야심가라면 누구든 불붙이고 싶은 물건이요, 한번 붙으면 금방 훨훨 타오를 쓰레기"라고 재정의한다. 또한 애국자에 대해서는 이렇게 표현했다. "정치가에게는 바보처럼 속고 정복자에게는 손쉽게 이용당하는 인간."

원래 인간은 생명체 고유의 자기보존 본능을 지니고 있다. 그런 의미에서 인간은 지극히 이기적이며 자기중심적인 존재다. 기본적으로 자기, 자기 가족, 자기 마을, 자기 민족처럼 자기와 관련된 순으로 소중히 여긴다. 따라서 태어나 자란 나라를 사랑한다는 것은 지극히 자연스러운 감정인 것이다. 따라서 일부러 목청 높여 주장하고 선동하는 것은 마치 성욕을 부추기는 것처럼 경솔하고 요상한 행위라는 뜻이 아닐까.

관념 조작에 가장 빈번하게 동원되는 것이 바로 이 '나라'며 '민족'이라는 '불 지피기 쉽고 타오르기 쉬운' 도구다. 이보다 좀더 체계적인 수단으로는 배타적인 종교, 혹은 이데올로기를 들 수 있다. 이 또한 일종의 '이민족'을 만들기 위한 장치다. 인간을 인간으로 보지 않게 하는 마법이라고나 할까. '민족'이 사람과 사람 사이에 장벽을 만드는 힘은 엄청나다.

십자군, 마녀사냥, 성 바솔로뮤 대학살1572년, 파리에서 가톨릭 교도들이 신교를 포기할 것을 강요하며 가스팔 드 콜리그니 저택의 습격을 시작으로 위그노 교도들을 대학살한 사건 같은 예를 찾을 필요도 없다. '파리 한 마리도 못 죽일, 마음 여린 아이였다'던 옴진리교 신자들이 일으킨 오싹할 살인사건이 이를 웅변해준다.

또 스탈린 시대의 소련이나 문화혁명 시대의 중국, 혁명이라는 이름 아래 자국민을 대거학살한 캄보디아의 폴 포트파, 또 도미노 현상 같은 인도차이나 반도의 공산화를 더는 좌시하지 않겠다는 명목으로, 북한이며 북베트남에 대한 융단폭격을 정당화한 미국 또한.

매크로macro에서 마이크로micro로

그러면 관념 조작에 의해 마음속에 자리잡은 완고한

장벽을 극복할 방책이 있을까? 있으면 좋겠다. 아무리 거리상 멀리 떨어진 이방인이라 할지라도, 물리적으로는 가까이 있지만 정체 모를 타인이라 할지라도, 피붙이처럼 소중하게 여기게 할 마법 같은 장치가 있으면 좋겠다.

뛰어난 소설, 연극, 만화, 영화, 드라마에는 때때로 그런 이상한 힘이 숨어 있다고 느낄 때가 있다. '다른 이'에게 품는 소원한 감정과는 반대로 친밀해지고픈 마음을 일으키는 픽션 말이다.

신분제도 극복에 의한 인권 확립과 근대소설의 성립 과정이 축을 같이하며 성장했다는 것을 떠올려보자. 근대소설은 감상주의에서 비롯했으며, 인간의 개인적 감정은 이 문예 사조에 와서야 비로소 시민권을 얻는다. 그리고 역설적이지만 인간 생활과 감정의 주름 하나하나를 개별적, 구체적으로 상세하게 그리면 그릴수록 인간의 보편적인 공통점을 인식하게 되는 역설적인 결과에 이른다. 그것은 마치 만물이 하늘과 땅만큼 차이가 있더라도 마이크로 수준에서는 전자와 양자와 중성자라는 동일한 요소로 분해되는 것과 닮았다.

18세기 러시아 작가 카람진Nikolai Karamzin은 『불쌍한 리자』국내 번역본: 정막래 옮김, 노벨미디어, 2004년 출간로 러시아 센티멘털의 시조로 불린다. 귀족 청년과 사랑에 빠졌다가 버림받은 농노 처녀가 물에 들어가 스스로 목숨을 끊는다는 줄거리로, 평이한 문체와 신선한 연애심리 묘사가 당시 독자들의 마음을 사로잡았다. '농사꾼 딸도 사랑할 수 있다'는 작중 메시지는 지배계급에 속한 당시의 독자층에게는 놀라운 대발견이었던 것이다. 이 전통은 19세기에 들어 자연주의, 낭만주의 그리고 사실주의 작가들에게 이어졌다. 투르게네프의 『사냥꾼의 수기』를 비롯한 소설군도 그 흐름 속에 있다.

지금 생각하면 지극히 당연하지만 '농노도 같은 피가 흐르는 인간'이라는 인식은 점점 확대되어 그것이 농노해방령(1861년)으로 이어졌다 한다.

해리엇 비처 스토 부인이 흑인 노예에 대한 실제 견문을 바탕으로 쓴 소설 『톰 아저씨의 오두막』의 경우도 '흑인도 우리와 조금도 다름없는 인간이다'라는 당연한 인식을 백인들 사이에 심어주는 데 기여했고 이후 노예제도 폐지를 촉진했다고 거의 대부분의 역사 사전에서 해설하고 있다.

'옛날 사람들은 무지하게 순진했나 보네. 그저 지어낸 얘기를 가지고.' 이렇게 치부할 수도 있다. 나 또한 반신반의했다. 그런데 최근 프리스타프킨Anatoly Pristavkin이 쓴 『캅카스의 황금색 구름』이라는 소설을 읽고 나서는 러시아의 군사 개입에 시달리는 캅카스 한 귀퉁이의 소수민족 체첸의 운명이 남의 일 같지 않다.

스탈린은 극동의 조선인을 중앙아시아로, 유대인을 극동으로, 발트인을 시베리아로 보내는 등 민족의 강제 이주를 장기 두듯 빈번히 해왔다. 체첸 사람들도 독일에 대한 협정을 구실로 전쟁 말기에 뿌리째 중앙아시아로 옮겨져 결국 그 자치 공화국은 지도에서 사라졌다. 이것이 『캅카스의 황금색 구름』의 무대 배경이다. 매크로 수준으로는 역사 교과서에서 그저 한두 줄에 끝나버리는 사건에 불과하다. 하지만 소설가의 붓은 마치 현미경처럼 그 한두 줄 뒤에 숨은 마이크로한 세계를 보여준다. 작품을 통해 강제 이주되어 생지옥을 살아가는 사람들과 같은 시공간을 우리도 살게 해준다.

픽션이라고 알고 있음에도 불구하고 주인공 소년들의 이후 삶이 픽 궁금해진다. 그러한 민족의 비극을 거친 뒤 아직 살아남아 있다면 초로가 되었을 체첸 소년들이 지금 또다시 러시아군의 치열한 토벌작전 아래에 있다고 생각하니 마음이 후벼 파인다.

강점은 약점이 될 수도 있다

모스크바의 인도네시아인

　최근, 입심이 세긴 하지만 왠지 모르게 알맹이 없는 듯한 말을 속사포처럼 쏴대는 친구를 알게 되었다. 업무상 외국에 가는 일이 많은 사람으로, 이름은 스도우 다미오라 해두자. 이 사람은 철학도이자 신학도에 자칭 스파이기도 하며 위악적이고 곧잘 남을 빈정대는가 하면 정의파에 설교쟁이, 이 모든 것이 희한하게 뒤범벅된 사람이다. 요즘의 이 나라에서는 도통 찾아보기 힘든 청년이라, 이야기를 나누고 있으면 심심한 줄 모른다. 언제나 조금 뻐기면서 보편적, 추상적 명제를 던지는 식으로 말을 꺼낸다. 예를 들면 이런 식이다.

　"인간에게 약점은 뭐라고 생각해요?"

　갑자기 물어보기에, "글쎄?" 하며 좀 당혹스럽다는 듯이 고개를 갸우뚱하니 재미있어 죽겠다는 듯이 콧구멍을 벌렁거리며 거창한 주제를 꺼낸다.

"누구에게나 공통되는 약점이란 존재하지 않아요. 약점은 그 인간이 약점이라고 생각할 때부터 약점이 되는 거니까."

"호오, 그런 걸까?"

그러자 그가 눈을 반짝이며 말을 이어갔다.

"인도네시아의 수카르노 대통령이 말이죠……."

"아아, 그 데비 부인을 셋째 부인으로 맞은 인도네시아 건국의 아버지?"

"맞아요. 이제는 고인이지만 그 수카르노 대통령이 모스크바를 방문했을 때……."

스도우 씨는 말하고 싶어 죽겠으면서도 내가 바짝 달아오르기를 기다리듯 뜸을 들인다. 하지만 결국 자기가 더 못 참겠다는 듯이 한꺼번에 말을 뱉어냈다. 너무나 서두르는 바람에 숨도 제대로 고르지 못할 지경이다.

"그는 소련 KGB가 접근시킨 미녀에게 넘어가 그날 밤 잠자리를 같이하게 됐어요. 그런데 그 광경을 처음부터 끝까지 홀랑 찍힌 거예요. 아무튼 그 짓을 벌이던 갖은 행태 전부를 말이죠. 그 사진으로 수카르노를 협박해서 소련 마음대로 움직여주는 괴뢰정부를 만들려는 것이 KGB의 계략이었겠죠.

그 사진을 본 수카르노는 벌벌 떨었지요. 무서워서가 아니라 너무 기뻐서요. 재미있어 죽겠다는 듯 흥분해서는 사진을 가지고 온 남자까지도 부둥켜안을 기세로 '야, 기똥찬 사진이네. 이렇게 잘 찍어줘서 고마워. 진짜 고맙다구. 덕분에 내일부터 10배는 더 즐길 수 있겠네'라고 했대요. 이후 KGB는 상대를 협박할 때 여자만 가지고는 안 된다는 걸 배웠겠죠. 이번에는 수면제를 술에 타서 곤드레만드레 취하게 한 다음, 옷을 홀랑 벗겨 남자와 껴안고 자는 모습까지 찍었다나 봐요. 그런 사진을 본국 매스컴에 넘기겠다고 하면 보통은 쩔쩔매겠죠?"

그렇다. 뚝심 있는 정치가는 일류 각본가이자 연출가이자 배우다. 그가 누군가? 일부다처를 공인하는 이슬람교 교도에 자타가 여복이 있다고 공인하는 수카르노가 아닌가. 그렇다고 해도 한 나라의 원수로서 국빈으로 초대받아 갔는데, 그 나라 정부기관에게 침실 사진이 찍혀서 기분 좋을 리 있겠나. 내심 화가 났을 것이다. 하지만 미·중·소와의 절묘한 거리를 유지하면서 이제 막 건국한 자국의 독립을 유지해가야 하는 그는, 흥분하지 않고 순간적인 판단으로 KGB의 화살을 피한 것이다. 역시 수많은 풍파를 거친 수카르노 쪽이 몇 수 위였다. 그러면 남자와의 침실 장면이 찍혔다 한들 '그게 뭐 어때서'라고 했을 것이다. 이리하여 내 젊은 친구가 이끌어 낸 교훈은, "약점은 그 스스로 약점이라 생각할 때부터 약점이 된다."

협박당했을 때 가져야 할 마음가짐으로는 실로 유효하다고 본다.

시베리아의 한을 우주에서 풀다

스도우 씨의 이야기를 들으며 내 머릿속에는 약점에 관한 다른 명제가 떠올랐다. 그 바탕이 된 이야기부터 해야겠다.

> 페니스는 주체에 의하여 자기 자신으로서, 그리고 자신 이외의 다른 것으로 생각된다. 종種으로서의 초월이 페니스 속에 손에 쉽게 잡히는 형태로 구현되어 있으며, 그리고 그것은 자랑의 원천이 된다. 음경은 분리되어 있기 때문에 남자는 자기에게 넘치는 생명력을 자기 개성에 통합시킬 수가 있다. (…) 이 제2의 자아를 가지고 있지 못하기 때문에 소녀는 잡을 수 있는 사물 속에 자기를 소외할 수 없고 자기의 완전성을 회복할 수 없다. (…) 여자아이의 성기의 형태로는 자기의 존재를 느끼게 할 수가 없다는 것이다.
>
> ─시몬 드 보부아르, 『제2의 성』 조홍식 옮김, 을유문화사, 1993년
>
> 출간본에 따름

"여성은 태어나는 것이 아니라 만들어지는 것이다"라는 명구로 시작하는 이 '여성해방운동'의 기념비적 저작을 처음으로 읽은 때는 고등학교 시절이었다.

페니스의 유무가 유년기의 자아형성에 미치는 영향에 대한 첫머리의 설명은, 장황할뿐더러 그 논지가 너무나 거창하고 우스울 만큼 고지식해서 짜증스러웠다. 하지만 "남자아이들에게 있어서는 배뇨 작용이 자유로운 유희처럼 보인다. 그 유희는 자유를 발휘할 수 있는 모든 유희가 갖는 그런 매력을 지니고 있다. (…) 오줌 줄기는 어떤 방향으로도 마음대로 돌릴 수가 있고 멀리까지 뻗친다. 남자아이는 거기서 전능감全能感을 갖는다"라는 글귀에서는, '그러고 보니 나도 어릴 적에 남자아이들처럼 서서 쉬를 못하는 게 분했었지' 하며 어느새 수긍하고 있었다.

어릴 적에 남성 배뇨기관을 선망하긴 했지만, 보부아르가 말한 증상과 달리 내 경우엔 남성에 대한 열등감으로 이어지지 않았다(고 생각한다). 하지만 운명의 여신은 그 후 두 번이나 더, 즉 도합 세 번에 걸쳐 '눈에 보이고 손으로 잡을 수 있는 기관'이 없다는 것에 진실로 분노를 느끼게 했다.

그 두 번째는 열 살 때 맹장염으로 입원했을 때였다. 수술 후 옆 침대에 비슷한 또래의 소년이 누운 채로 손쉽게 용기에 일을 보는 것이 얼마나 부럽던지. 나는 참기 힘든 아픔을 견디며 침대에서 내려와서 요강에 앉아야 했으니까.

그리고 마지막은 1984년, TBS 텔레비전의 시베리아 취재에 통역으로 동행했을 때였다. 기온이 영하 60도 가까운 곳에서 진행되는 야외 촬영. 찌르는 듯한 아픔이 덮쳐오니 얼굴을 내놓을 수도 없었다. 취재진 일동은 눈만 남긴 채, 뒤집어쓸 수 있는 마스크가 달린 털모자 위로 머플러를 몇 겹이나 둘둘 말았다. 눈동자 표면의 물기조차 순식간에 얼어 눈을 깜박거릴 때마다 셔벗이 생길 정도였으니, 일을 보려면 생명의 위협까지 각오해야 했다. 10장 이상이나 겹쳐 입은 옷을 다 까서 맨살을 내놓아야 했으니까.

그런데 이게 웬일인가. 될 수 있는 한 수분을 섭취하지 않고 화장실이냐 공포의 추위냐 하는 딜레마로 견디기 힘든 고뇌에 빠진 나와는 달리, 남자 스태프들은 괴성을 지르고 신나게 날뛰며 노란 액체를 설원에 뿌려대는 것이 아닌가. 완전히 유아기로 퇴행한 것 같았다. 개중에는 흰 눈밭에 노란 액체로 회사 로고를 쓰는 재주를 부리는 무뢰한도 있었다(당시 이 방송사의 로고는 지금의 활자체가 아니라 필기체였으니 사원이 오줌을 싸면서도 애사심을 발휘하기에 안성맞춤이었다. 지금 생각하니 그 멋진 로고를 바꾼 후부터 사운이 기울기 시작한 것 같다).

더구나 내게 허락된 공간은 직경 25센티미터 정도 구멍을 판 얼어붙은 땅에 3면을 얄팍한 판자로 세운 곳인 데 반해, 남자들은 끝없이 펼쳐진 동토 어디에서 방뇨하든 제 마음이었던 것이다.

영상 36도의 체온 환경에서 방출된 호박색 액체는 100도 가까운 온도 차가 나는 냉기에 닿는 순간 당장에 농밀한 수증기로 변했다. 그 우윳빛 농무를 째려보고 있자니 '부조리'라는 세 글자가 떠올랐다.

결국 나의 딜레마는 균형을 잃었다. 그러나 덕분에 나는 대발견을 했다. 배설욕은 수치심뿐 아니라 영하 59도에서 느끼는 추위조차 능가하는 강렬한 욕구라는 것을. 자랑은 아니지만 종일 참은 터라 그 오줌발의 세기와 속도에도 불구하고 시간이 한참 걸렸다. 희한한 것은 방뇨 중에 내놓고 있던 맨살은 전혀 추위를 느끼지 않았다는 것이다.

더구나 배설로 인해 극도의 긴장에서 해방된 육체와 신경은 이루 말할 수 없는 안도감에 싸였다. 일을 보고 난 후 온유하고 관대해진 나는 "때와 장소를 가리지 않고 싸지를 수 있는 작자들은 절대로 맛볼 수 없는 평안함이라구"라며 남자들에 대한 우월감마저 느꼈을 정도다.

한편, 아키야마 씨가 일본인으로는 처음으로 우주를

방문한 지도 몇 년이 지났다. 이 우주비행사 탄생에 의료 선발 단계부터 통역으로 관여해온 나는 '우주공간에 있어서의 배뇨' 문제와도 씨름해야 했다.

무중력 공간에서 모든 수분은 물방울이 되어 공중을 떠돌게 된다. 자기 것과 더불어 누군가의 배설물과 함께 지내야 하는 것은 참을 수 없는 일이다. 따라서 배설기관에 흡인 용기를 갖다대야 한다. 남성용의 경우, 그 용기는 긴 통처럼 생겼다. 그것을 각자 써야 하니 우주비행사는 자기에게 맞는 사이즈를 미리 주문해야 했다. 그런데 대개의 우주비행사들은 그것을 제 사이즈보다 크게 주문한단다.

우주개발산업 분야는 군수산업과 직결되어 있다. 따라서 미소 냉전시대에는 미소 양쪽 모두 서로에게 철저한 비밀주의로 대해왔다. 그러던 것이, 페레스트로이카 정책이 실시되고 교류가 활발해지면서 세부사항에 이르기까지 정보를 교환하게 된 것이다.

그때서야 비로소 미소 우주관계자들이 확인하게 되었다고 한다. 양국의 우주선 탑승 예정자 모두 기구 사이즈를 실제보다 크게 신고했다는 사실을. 냉전시대 동안 철의 커튼 양쪽에서 쭉 그래왔다는 것을 생각하면 숭고한 감동까지 느껴지지 않는가.

그러고 보니 페레스트로이카와 글라스노스트^{glasnost, 정부}

정보의 일부를 공개하고 언론 통제를 완화하는 정책를 편 고르바초프가 당시에 즐겨 쓰던 글귀랄까 키워드에, '전 인류적 가치'라는 거창한 개념이 있었다.

지금까지는 소련의 정당도 국가도 '계급적 가치' 즉 '노동 계급의 가치'를 무엇보다 우선했다. 하지만 '자본가 계급의 가치'를 적대시한들 핵의 위협 앞에서는 노동자도 자본가도 있을 수 없었다. 레이건 대통령 또한 소련을 '악의 제국'이라 불렀지만 핵의 위협 앞에서는 적도 아군도 없지 않은가. 확실히 그런 의미에서 고르바초프는 '전 인류적 가치'라는 구호를 자주 외쳤다. 그러나 여느 '구호'들처럼, 1990년 무렵에는 이 구호만 혼자 떠돌아다니며 하나의 유행어가 되어버렸다.

따라서 앞의 얘기를 들었을 때 이 구호가 맨 먼저 떠올랐던 것이다. "아아, 고르바초프가 말한 전 인류적 가치란 이를 두고 하는 말이군. 아니 엄밀히 따지면 인류 절반의 가치인가?"

우주선 외부에는 공허한 우주가 무한히 펼쳐져 있다. 그러니 지구상의 대기와 같은 상태로 유지된 공기는 탑승자의 생명과 건강에 직결되는 귀중품이다. 통념상 큰 게 좋다고는 하지만 '눈에 보이고 손으로 쥘 수 있는 기관' 때문에 남자들은 우주선 내의 주거환경을 희생해가면서까지 허세를 부렸던 것이다.

그처럼 가엾고 쓸데없는 마음고생에 대해 알고 보니 역시 세상만사는 일장일단, 쓴 게 있으면 단 게 있으니 참 공평하구나 싶다. 보부아르 선생이 의미심장하게 말씀하신 대로 '제2의 자아'요, '자랑의 원천', '넘치는 생명력'을 동반하는 기관이다 보니 남자들은 그 크기에 그리도 울고 웃나 보다.

아는 사람 중에 대학을 졸업하고 곧바로 결혼한 다음 의대에 다시 들어간 여자가 있다. 인체해부 시간, 때때로 '물건' 크기가 표준치를 훨씬 넘어선 시체가 실려온단다.

"우와, 굉장하다! 완전 졌다 졌어!" 동급생(물론 대다수는 연하) 남학생들이 이구동성으로 한숨을 내쉰다. 그럴 때면 그녀는 아주 자연스럽게, 하지만 잘 들리도록 또박또박 중얼거린단다.

"이게 큰 건가? 이 정도는 표준 사이즈인 줄 알았는데."

이 한마디에 그녀를 보는 의학생들의 눈빛이 완연히 달라진단다. "와, U 씨 남편 것, 굉장한가 보네." 그녀는 그런 선망과 존경의 눈초리에 쾌감을 느낀다며, "나도 모르게 허세를 떨게 돼"라고 말했다. 양다리 사이 물건의 크기에 이상할 정도로 관심을 보이는 남자들을 놀리는 게 재미있어 죽겠나 보다.

이런 남자들에 합세해 같이 허세를 떠는 여자도 많은지 이탈리아의 우스개에는 이 소재가 단골손님이다.

부인: 선생님, 우리 아들 일로 상담하러 왔어요.

의사: 무슨 일인지요?

부인: 글쎄, 열여덟 살 난 우리 아들 말인데요. 그게, 그게 말예요……. 고추가 다섯 살짜리 아이만 하지 뭐예요.

의사: 에? 그럼 요 정도?

의사가 새끼손가락을 세워 보인다.

부인: 아이, 선생님. 그러니까 말씀드렸잖아요. 그, 그 고추가 다섯 살짜리 아이만 하다구요.

부인은 걱정스런 표정으로 바닥에서 110센티미터 정도의 높이를 가리켰다.

이렇게 '제2의 자아'의 사이즈를 둘러싼 마음고생은 주변 여자들까지도 예외가 아니니, 참 고생이 많다.

그에 비해 여자들은 거시기 사이즈에 대한 콤플렉스와는 무관하다. 자기 사이즈에 대한 객관적인 인식을 갖고 있지도 않고 가지려 하지도 않는다. 그런 여자의 무신경을 다음의 러시아 우스개가 지적해주고 있다.

"아이 당신, 손가락을 넣을 땐 반지는 빼라고 했잖아요."

"어, 이거 시계인데."

아, 이야기가 더 이상 나가려야 나갈 수 없는 곳까지 왔으니 이쯤에서 격 있는 말 한마디 하자.

'강점은 약점이 될 수도 있다.'

비대망상증의 함정

앞의 교훈을 느끼게 해주는 작품이 있다. 지중해 세계를
무대로 한 스케일 큰 역사 이야기로 유명한 시오노 나나
미의 이 문장을 발견하고는 밤잠을 설칠 만큼 흥분했었다.

> 역사 이야기를 쓰고 있는 내 마음속에는 어떤 가설이 점
> 점 확실해져가고 있다. 그것은 국가의 흥륭도 쇠퇴도 같은
> 요인의 결과라는 가설이다.
>
> 베네치아는 외부인을 거부하는 것으로 대업을 이루었
> 다. 하지만 또한 이 방침을 관철함으로써 쇠퇴할 수밖에 없
> 었다.
>
> 고대 로마도 마찬가지다. 이쪽은 반대로 문호를 열어 대
> 국이 되었으나 쇠퇴도 같은 요인으로 일어났다. 국경을 넓
> 혀 사람들에게 균등한 기회를 줌으로써 대제국이 되었으
> 나 그로 인해 수도 로마의 기능이 허해지는 것까지는 막을
> 수 없었기 때문이다.
>
> ─『다시 남자들에게』

최근에 와서 '강점은 약점이 될 수도 있다'는 명제가 다시 머릿속을 차지하고 떠나지 않는다. 그것은 이 나라의 보도기관이 덩치는 점점 비대해지면서도, 아니 비대해진 나머지 오히려 무력해진 것이 천하에 드러나고 말았기 때문이다.

아시다시피 종교단체 옴진리교에 관한 보도를 둘러싸고, 거대 매스컴이 '덩치값'도 못한 추태는 이미 겪은 바 있다.

1989년 당시 프리랜서 저널리스트 에가와 쇼코가, 규모가 큰 언론사나 경찰의 지원도 없이 젊고 가냘픈 여자의 몸으로 위험한 징후를 보이던 이 교단을 가장 먼저 취재하여 고발하였다. 그런데 일본뿐 아니라 세계 각지에 지국망을 두고 있는 거대 신문이며 방송국은 어째서 그렇게도 정보에 둔감했을까. 종교법인법이며 '종교의 자유'가 족쇄가 될 수 있으니 보도에 신중을 기해야 한다는 것은 안다. 하지만 일정 기간 기사는 쓰지 않더라도 기자 그룹, 혹은 적어도 한두 명쯤은 그 동태를 살피는 데 배치해두었어야 하지 않을까. 그걸 하지 않았던 것은 안테나가 둔했기 때문이다. 어째서 옴진리교를 고발하려 한 곳이 〈선데이 마이니치〉나 〈슈칸분슌〉 같은 매스컴은커녕 잘해야 '미디컴'⁽매스컴과 미니컴의 중간에 위치하는 대중참가형 정보 매체⁾ 정도밖에 안 되는 주간지였을까. 어째서 독자가 수백만에서 천만에 달하는 대표 신문, 시청자가 수천만에 달하는 방송국은 못 본 체했을까.

이는 '덩치값도 못한다'는 말로는 도저히 설명하기 어렵다. 언론기관에서 보이는 '규모의 법칙'이라 해야 할까.

예를 들어, 옴진리교보다 훨씬 거대하고 실제로 정치에 관여하는 정도가 비교도 안 될 만큼 큰 모 종교단체의 불상사에 대해 거대 매스컴은 절대적 불문율인 듯 보도하지 않는다. 이는 '종교의 자유'를 지켜주려 하기 때문이 아니라 어마어마한 동원력을 자랑하는 종교단체 신자인 '구독자들'의 보이콧이나 항의로 영업에 지장을 받을까봐 지레 겁을 먹기 때문이다. 그러면 왜 규모가 작은 주간지는 겁먹지 않고 보도를 할 수 있었나.

그것은 잃을 것이 더 적기 때문이다. 불매운동에서 잃을 독자를 5퍼센트로 보면 1000만 독자를 거느린 일간신문은 매일 50만 부가 줄지만, 100만 부를 발행하는 주간지는 일주일에 5만 부가 감소하게 된다.

기초 물리학에서 배우는 '작용·반작용의 법칙'처럼, 영향력이 크면 클수록 권력을 비롯한 각 방면에서 압력과 감시, 규제도 늘어간다.

정도의 차이는 있겠지만 구독자 수를 늘리지 않으려는 신문은 없을 것이요, 시청률을 무시할 수 있는 방송국 또한 존재하지 않을 것이다. 보다 많은 수신자를 확보하려는 보도기관의 존재 가치에서 나온 숙명이라고 봐야 한다. 하지만 전달 범위가 넓으면 넓을수록, '제4의 권력'이라 할 정도로 영향력이 커지면 커질수록, 보도기관의 존재 이유와는 거리가 멀어진다. '국민의 알 권리'와 이를 계속 실현하는 데 불가결한 자유와 부당한 압력을 물리칠 용기를 키워야 하겠지만 그렇지 못한 것이 현실이다.

지난 세계대전에서도 국가의 나팔수로 맨 먼저 전락한 것이 거대 매스컴이었다. 전체주의를 받들던 중추국 독일, 이탈리아에서도 같은 양상을 보였다고 한다.

이 쓰디쓴 경험에 따른 교훈으로, 세계대전 후 이탈리아는 보도기관의 규모를 제한하는 것이 보도가 파시즘으로 가지 않는 제어장치임을 깨달았고, 보도기관의 합병이나 독과점을 감시하는 법률까지 만들었다 한다.

독일은 어떤지 모르겠지만 일본에서는 이런 교훈을 살리지 못했다. 외국으로부터 비난의 표적이 되고 있는, 일본 기업의 악명 높은 계열화라는 병을 보도기관 스스로 앓고 있다. 그것도 꽤 심각하다. 방송국은 지방 방송국을 산하에 거느리고 있을 뿐 아니라 유력 신문사와도 밀접한 관계를 맺고 있다.

이와 더불어, 그리 멀지 않은 과거에 국민의 압도적인 다수가 벼농사를 지어온 데서 생긴(그 자체로는 장단점이 다 있다고 볼 수 있는) '요코나라비'^{옆으로 나란히 선다는 뜻으로 일본의 평}

준화 의식을 일컬음가, 가장 자중해야 할 보도기관에 의해 이상하게 확대 재생산되고 있다. 아니 거의 모든 매스컴의 속성이 되어버렸다. 천왕의 죽음에 대한 매스컴의 일사불란했던 획일적인 보도를 보라. 또 1995년 3월 옴진리교 강제 수사 이후, 지금까지의 태도를 180도 바꾸어 내보낸 윤리도 원칙도 없는 신경질적인 보도는 광기에 가까울 정도다. 아, 솔직히 나는 진지하게 망명까지 고려했을 정도다.

다다미와 마누라는 오래된 것이라도 다다미와 마누라지만, 오래된 정보는 더 이상 정보가 아니다. 이는 통역, 특히 동시통역으로 입에 풀칠하는 사람들에게는 상식 중의 상식이다. 정보를 제공하는 쪽에서 반복을 거듭하거나 이미 받는 쪽에서 알고 있는 정보, 즉 오래된 정보는 통역할 경우 시간이 없으면 빼버려도 상관없다. 그 대신 처음 듣는 정보는 놓치지 않는다. 이것이 통역의 기초적인 원리다.

매스컴이 흘리는 정보 중에는 이미 진부해져버린, 진정한 의미에서 '정보'가 아닌 것이 너무나 많다.

이런 오래된 정보의 반복은 도대체 어떤 역할을 하는 것일까. 모두가 같은 정보를 공유하고 있다는 것을 확인함으로써 마음의 안정을 얻고, 같은 공동체에 속한 것을 확인하려는 것이 아닐는지.

언젠가 문학 장르의 역사를 들여다봤을 때, 고대 가요

에 관해 읽었던 책이 어렴풋이 떠오른다. 고대 가요는 근대 서정시와 달리 개인 작자가 없다. 고대 러시아 민중의 노래를 '문학적 시간'이라는 관점에서 분석한 리하초프 Dmitry Likhachev는 듣는 이의 감수성에 주목하여 이렇게 쓰고 있다.

> 그것은 창작이라기보다는 연기하는 것이다. 여기서는 노래하는 자뿐 아니라 듣는 이도 연기자다. 노래를 하는 동안 그곳에는 가수(연기자)만 있고 청중은 없다. 모두가 노래의 주인공(말의 주체)이 되도록, 노래의 테마나 상황은 극단적으로 일반화되어 있다.
>
> ─리하초프, 『고대 러시아 문학의 시학』

이러한 고대 가요의 특성은 오늘날 많은 가요에서도 살펴볼 수 있다. 놀라운 것은 뉴스로서 가치가 없는 정보를 되풀이해 보도하는 쪽과 듣는 쪽이 이처럼 일체화한 관계가 된다는 점이다. 정보의 발신자와 수신자가 서로 대치하는 것이 아니라 같은 쪽을 보는 관계다.

문학 장르 발전의 역사를 거슬러 올라가보면, 당시 문학은 받는 쪽의 이의를 전제로 하지 않는, 그저 존경받을 만한 사람과 존경받을 만한 행위, 그리고 만인이 인정하는 아름다움에 관한 공동체 의식을 표현한 것이었다.

그 후 개인 창작자가 탄생하고 근대적 자아가 확립되면서, 특정한 개인의 의식을 나타내는 말로 진화하였다. 거기에다 표현된 의식을 공유할 수 있는 사람도 줄어드니 당연히 그 말은 수신자의 이의를 염두에 두게 된다.

공동체 의식을 표현하는 경우, 수신자의 반론을 전제로 하지 않는 대신 표현의 내용과 형식 양면에 걸쳐 갖가지 제약이 있었다. 하지만 특정한 개인 의식을 표현하게 되면서 그 자유로움은 비약적으로 커졌다.

비대해진 매스컴이 자유와 모순되는 근원적인 배경은 이런 데 있는 것 같다.

지금도 방송되고 있는지 모르겠지만 예전 간사이 지방 라디오 방송에 '긴테쓰 아워'라는, 긴테쓰 버펄로스 야구단 팬을 위한 프로그램이 있었다. 내용은 긴테쓰에 관한 흐뭇한 정보만 추린 것이다. 선수들을 소재로 한 '오타 코지 이야기'나 '스즈키 게이시 이야기' 같은 것을 내보냈다. 그중 시청자의 편지를 소개하는 코너가 있었는데, 어느 날 사회자가 흥분할 일이 생겼다.

"아무개 시의 아무개라는 분이 보낸 편지입니다. '늘 재미있게 듣고 있습니다. 그런데 이 프로그램은 긴테쓰를 너무 두둔하는 거 아닙니까?' 응? 뭐야 이거. 무슨 말을 하는 거야. 뭐? 한신 팬이라구? 한신 팬이면 이 프로그램 안 들어도 돼!"

얻는 것이 있으면 잃는 것도 있다는 말이 있다. 거대 매스컴의 괴로움은 '이 프로그램 안 봐줘도 돼' '이 기사 안 읽어줘도 상관없어'라고 소매를 걷어붙일 각오를 할 수 없게 되었다는 것 아닐까.

'대량생산에 부적당한 것'의 대표로 흔히 요리와 교육을 들고 있지만, 저널리즘도 이 범주에 넣어야 옳지 않을까 한다.

에
필
로
그

내가 통역사가 된 계기

20대도 중반쯤 지나니, 아무리 천하태평인 나지만 슬슬 초조해지기 시작했다. 내 진로, 앞으로 살아갈 길을 궤도에 올리려는 노력을 뒤로 뒤로 미루며 비현실적으로 장밋빛 미래만 설계해온 결과가 단번에 닥친 듯한 느낌이었다.

대학원 석사과정을 마치긴 했으나 시간강사 수입만으로는 입에 풀칠하기도 어려웠다. 원고료와 시간강사료를 인플레 계수의 산출 근거로 삼는다면, 요 30년간 일본에서는 인플레가 없었다는 계산이 나올 것이다.

부모님은 당연하게도 더는 더부살이로 둘 수 없으니 독립해 나가라고 성화셨다. 가정교사 횟수를 일주일에 두 번에서 네 번으로 늘린다면 당장에 먹고사는 건 어떻게 된다. 하지만 이것을 삶의 보람이자 자아실현 수단, 평생 직장으로 삼을 마음은 들지 않았다.

그렇게 '길 잃은 양'인 나였지만 도서관에는 자주 드나들었다. 어느 날 서가를 두리번거리다 보니, 여성학 서가에서 『여자, 서른에 일어서다』라는 제목이 눈에 띄었다. 그 무렵 '여성학'은 학문으로도 각광받고 있었던지라 도서관에도 따로 서가가 마련되어 있었던 것이다.

'왜 여자가 일어서야 하지?' 하는 의문이 고개를 들 무렵 나는 이미 책갈피를 넘기며 눈으로 활자를 좇고 있었다. 서른을 코앞에 두고 살길을 모색하던 나 같은 독자를 상정하고 있었나 보다. 각계각층에서 활약하고 있는 여자들의 인터뷰집으로, 서른 전후에 어떠한 결심을 했고 또 어떠한 장애 극복을 통해 자신의 일과 그 보람을 찾아 오늘에 이르렀는지에 대한 내용이었다.

재미있게 읽었는데도 등장인물 중에서 지금까지 기억하고 있는 것은 A 씨라는 러시아어 통역사뿐이다. 자신의 파란만장한 반평생을 이야기하면서 슬쩍 비친 말이 인상에 남았기 때문이리라.

"저요, 오르가슴에 달했을 때 본능적으로 아, 아이가 생겼으면, 하고 생각한답니다."

이 무방비할 정도의 솔직함, 세상 사람 눈치 보지 않는 말투, 구김살 없는 정신과 자신감이여. 더불어 여자의 몸과 마음의 신비에 대한 이야기까지 정말이지 감탄이 절로 나왔다.

그로부터 채 1년이 지나지 않았을 무렵, 통역술의 스승으로 받들어 모시게 될 도쿠나가 하루미德永晴美 선생과 만나게 되었다. 당시 러시아어 통역계의 독보적인 존재였으며, 지금은 실천적인 통역술의 고전적인 명저 『러시아어 통역독본』을 막 내셨을 때였다.

선생께 갚아야 할 은혜가 있어서 이렇게 요란하게 소개한 것이 아니다. 러시아어와 관계없는 사람이 읽어도 재미있는 책이다. 단순한 노하우뿐 아니라 자극과 깨달음을 많이 주는 책이니 통·번역에 뜻이 있는 사람이라면 꼭 한번은 읽어야 한다.

2년 후에는 휴간될 잡지 〈현대 러시아어〉의 편집위원을 맡고 있던 나는 이 책의 서평을 쓴 인연으로 미래의 스승을 만나게 되었다.

편집위원은 무보수였다. 하지만 '공짜보다 비싼 건 없다'는 속담이 참으로 진리라는 것을 아는 데는 도쿠나가 선생을 만난 것 하나만으로도 충분했다. 4년치의 무보수를 몇만 배나 이자를 붙여서 받았으니까.

그 호쾌하면서도 섬세한 쾌남아. 지금까지 만나온 연구자 타입과는 이질적인, 현실 사회와 어깨동무하고 있는 꿋꿋하고 자유로운 지성에 나는 완전히 매료당했다.

『러시아어 통역독본』과 도쿠나가 선생과의 만남 이래, 통역이라는 일로 조금씩 내 삶의 축이 옮겨갔다. 그리고 차차 러시아어 통역업계 사람들과도 친해졌다. 『여자, 서른에 일어서다』에 실린, 사진으로밖에 모르던 A 씨도 알게 되었다.

어느 날 도쿠나가 선생과 선술집에서 통역론을 이야기하고 있을 때였다. A 씨가 화제에 올라, "저요, 오르가슴에 달했을 때 본능적으로 아, 아이가 생겼으면, 하고 생각한답니다"라는 글귀를 잊을 수 없다는 말을 꺼냈다.

이 말을 들은 스승은 으음, 하고 신음하며 한참 동안 아무 말도 않으셨다. 그러다 갑자기 맥주를 단숨에 들이켜고는 맥주잔이 깨질 만큼 탁자에 쾅 하고 놓으며 하신 한마디.

"장하다!"

'아아, 역시 선생님도 나처럼 A 씨의 대담함과 솔직함, 여자의 신비한 에너지에 감탄하셨구나.'

이렇게 이해하고 은근히 기뻤다. 그런데 도쿠나가 선생은 "그 얼굴을 상대로 오르가슴에 이를 때까지 용을 쓰다니, 어떤 남자인지 진짜 장하다!" 하고 말을 이었다.

취기가 확 달아날 것 같은 충격. 이런 것을 코페르니쿠스적 대전환이라 하지 않을까. 같은 말에 대해 이리도 사람마다 받아들이는 것이 다르다니. 천동설과 지동설만큼이나 다르다. 남자와 여자 사이의 가까우면서도 다른 문화요, 다른 우주다.

지금 와서 생각하니 이 조그만 사건은 그 후 내 운명의 상징이었다. 도쿠나가 선생께 매료되어 빨려들어간 통역이라는 직업은, 서로 다른 문화를 배경으로 둔 언어로 뜻을 전하는 것을 사명으로 하기 때문이다.

대개의 사람들은 자기와 자기 민족, 자기 나라를 중심으로 세계가 돌고 있다고 생각하니 지동설과 천동설의 만남보다는 천동설끼리의 충돌이 태반이다.

미리 대본을 받은 연기자와 달리 통역사, 특히 동시통역사는 발언자 입에서 어떤 말이 튀어나올지 알 수 없다. 정말 암흑 속을 더듬어가는 느낌이다. 이런 경우 발언자의 입장에 자신을 겹쳐놓으면 발언자가 다음에 할 말을 예상하기 쉽다. 따라서 통역사는 발언자의 의식 세계 속으로 들어가려 노력하게 된다. 한편, 통역해서 들려줄 때는 청자의 입장에 자신을 두면 청자가 보다 이해하기 쉬워진다.

즉 통역을 할 때 발언자와 청자 양쪽 말을 이해해야 하는 통역사의 머릿속은 다른 상식, 발상법, 견해가 서로 충돌하고 보완하고 조화하면서 북적거리고 있다. 전쟁터나 희극무대와 같은, 아무튼 차분함이나 질서, 안정과는 동떨어진 시공간이다.

그곳에서는 명확한 개념이라고 여기고 있던 단어의 윤곽조차도 흔들거리고 삐걱거리며 무너져내리는 일이 너무도 흔하게 반복된다. 말과 그것이 가리키는 사물 간의 거리를 이렇게나 항상 느끼는 직업도 흔치 않을 것 같다.

타이 산악지대의 유엔 의사

어디까지나 추산에 지나지 않지만, 서기 원년 무렵 지구의 인구는 3억 정도였단다. 그것이 17세기 중엽쯤 되어 5억에 달한다. 그 100년 후인 18세기 중엽에는 7억, 50년 후인 19세기 초에는 9억, 1850년에는 11억, 1900년에는 16억, 1930년에는 20억, 1960년에는 30억, 1975년에는 40억이었다고 한다. 그리고 20세기 말에는 60억을 넘을 거라고 유엔은 추정하고 있다.

보기만 해도 징그러운 수치다. 인구 증가 속도에 점점 가속도가 붙어, 이러다가 쥐새끼처럼 기하급수적으로 번식하는 게 아니라 인간처럼 기하급수적으로 번식한다는 말이 생길지도 모르겠다. 아니 그 전에 이렇게 복리로 늘어가는 인간들이 자원을 다 써버려 지구가 파탄나는 건 아닐까.

인류를 대표해서 그런 걱정을 대신해주고 있는 곳 중

에 UNFPA(국제연합인구기금)라는 기관이 있다.

　'가난뱅이가 자식은 부자'라는 속담이 있지만 이 진리는 꽤 보편성이 있나 보다. 지구의 인구 분포를 보면 '선진국'이라 불리는 부자 나라에는 세계 인구의 4분의 1이, '개발도상국'이라 불리는 가난한 나라에는 4분의 3이 살고 있다. 게다가 인구 증가 속도를 봐도 전자는 0.7퍼센트인데 비해, 후자는 2.1퍼센트에 가깝다. 즉 3배나 빠른 속도이니 '선진국'과 '개발도상국' 사이의 인구 분포 차이는 점점 더 벌어지게 생겼다.

　그런데 공정을 기하기 위해 이 말도 써야겠다. 자원을 다 써버리고 있는 비율은 부자 쪽이 압도적으로 높다는 것을. 예를 들어 석유, 석탄, 가스 등 화석연료의 4분의 3은 선진국이 소비하고 있다. 예를 들면, 세계 석유의 25퍼센트는 미국이 쓰고 있으며 12억 중국에 비해 인구가 그 10분의 1인 일본이 석유를 2배나 소비하고 있다. 점차 확대되는 오존층 블랙홀의 주된 요인이 프레온 가스라지만, 그 총 배기량의 대부분을 미국이 배출하고 있다는 사실은 이미 잘 알려져 있다.

　식량의 배분 사정도 마찬가지다. 세계 인구의 3분의 1이 포식하고 있는 대신 3분의 2는 굶고 있다.

　가난해서 아이가 많은지, 아이가 많아서 가난한지는 잘 모르겠지만 적어도 1963년의 제1회 유엔 아시아인구

회의를 계기로 과도한 인구증가율은 근대화를 해친다는 것을 개발도상국의 지도층도 인식하게 되었다. 그리하여 인구 증가 억제를 꾀하는 가족계획 등 여러 정책이 실시되기 시작했다. 이에 아시아 각국도 그러한 방향에서 노력을 장려했으며 서로 경험을 축적하고 교류하기 위한 APDA(아시아인구개발협회)나 AFPPD(아시아인구개발의원포럼) 등을 결성하여 UNFPA와 협조하면서 여러 활동을 전개하고 있다.

타이의 보건사회부 장관이 된 의학박사 B 선생도 각 기관의 의뢰로, 타이 산악지대의 소수민족 부락을 돌면서 피임에 관한 계몽활동을 한 적이 있다. 그는 가는 곳곳 마을 광장이나 학교에서 사람들을 모아 간단한 강의를 한 다음 사용법을 설명하고 사람들에게 콘돔을 돌렸다.

다음 해 같은 지역을 방문해보니 피임기구의 효과가 전혀 없었나 보다. 되레 아이들이 우글우글 늘어나 있는 게 아닌가. 사용법이 잘 전달되지 않았던 것일까?

그래서 B 선생은 이번에는 자기 엄지손가락에 고무제품을 끼워가며 이렇게 쓰는 거라고 자상하고 상세하게 설명해주었다. 모두들 눈을 반짝거리며 끄덕거렸다. 그러고 보니 저번에는 이렇게 반응이 좋지 않았던 것 같다. 이번에야말로 잘 알아들었겠다 싶어 B 선생은 가벼운 마음으로 산을 내려왔다.

그다음 해, 다시 같은 지역을 찾아가본 B 선생은 깜짝 놀랐다. 아이들이 또 늘어나 있는 것이었다. 선생이 시킨 대로 고무제품을 썼더니 아이들이 더 많이 태어나게 되었다고 동네 사람들은 입을 모아 말했다.

그는 과연 의사다. 여기에 좌절하지 않고 도대체 그걸 어떻게 썼냐고 물었더니 한 마을 사람이 말했다.

"그러니까, 선생님이 시키는 대로 했습죠."

"보여준 대로라면 설마……."

"선생님이 그걸 손가락에 끼웠잖아요. 그래서 우리도 엄지손가락에……."

이상은 APDA의 회의 때 B 선생이 직접 보고한 내용이다.

콘돔이라는 물건의 첫 번째 기능은 피임이지만, 피임의 메커니즘, 즉 사정과 임신의 상관관계가 이해되지 않은 곳에서 피임기구는 그저 하나의 부적이나 주문 정도로 여겨졌던 것이다.

이라크의 일본인

이렇게 상식이 밑바탕부터 뒤흔들리는 드라마를 체험자에게 직접 들을 수 있으니 동시통역과 구걸은 사흘 하면 그만둘 수 없다.

이런 자화자찬을 하고 있다가 이문화 충돌 경험 면에서 도저히 따라갈 수 없는 역전의 용사를 만나게 되었다.

외무성의 외곽단체 중에 재단법인 일본국제협력센터가 있다. 주로 개발도상국에 대해 갖가지 지원을 실시하는 일본 정부 기관이다. 이곳의 도쿄 지부 소장 히라노 이사무 씨는 이 일을 위해 실로 세계의 많은 나라들을 다니고 있다. 선진국과 달리 획일적인 소비문명에 물들지 않은, 독자적인 문화와 사고방식을 두텁게 이어온 개성 풍부한 아시아, 아프리카, 라틴아메리카 나라들이 대부분이다.

그러니 히라노 씨는 마치 『아라비안 나이트』의 세헤라자데 공주처럼 퍼도 퍼도 마르지 않는 샘 같은 이야기 보따리를 가지고 있다. 원래 자유롭고 열린 성품이었지만 그것이 다양한 문화를 접하고 여러 경험을 하면서 더욱 갈고 닦인 것 같다. 말씀을 듣다 보면 유연하고 신선한 발상법을 접할 수 있어 솔바람을 쐬고 있는 듯 기분이 상쾌해진다.

언젠가 이런 말을 하신 적이 있다.

"이라크에서 산 적이 있었죠. 그때 정말 재미있었어요. 초대받은 이라크 손님이 어쩌다 비싼 접시를 깨뜨렸다고 쳐요. 그럼 그 손님은 절대로 미안하단 소리를 안 해요. 대신 '마레쉬, 즉 신경 쓸 거 없어'라고 태평한 얼굴로 말하죠. 일본인 집주인은 화가 나겠죠. 누가 할 소릴 대신하는 거냐고 말이죠. 이슬람 문화권에 가면 무슬림이나 이슬람 문화에 반발심이 생겨 갑자기 이네들이 싫어지게 된다는 사람들이 꽤 많죠.

하지만 그건 발상법이 다르기 때문이랍니다. '깨진 접시는 다시 돌아오지 않는다. 그 접시를 본인이 깨버렸다면 얼마나 후회스럽고 자책에 괴로울까. 그런데 신은 그 접시를 깨는 불행을 내가 대신하도록 했다. 그러니 신경 쓸 것 없으며, 당신은 행복한 사람이다'라는 논리가 성립되는 거죠. 이 논리에 납득, 아니 적어도 익숙해지기란 어려울지 몰라요. 그런데 이런 발상법이 있다는 것 자체가 어쩐지 재미있지 않아요? 정말 생각하기 나름이에요. 소중히 여기는 접시를 남이 깼는데도 '아, 내가 깨지 않아서 다행이야'라고 생각하고, 깬 쪽은 깬 대로 '아, 상대방의 불행을 내가 대신해주었다'라고 생각하죠. 서로가 좋게 좋게 생각하는 거죠."

부다페스트의 일본인

히라노 씨가 최근 헝가리의 부다페스트로 출장갔을 때의 일이다. 헝가리는 동유럽 사회주의 나라 중에서도 일찍 시장경제적 요소를 도입한 나라다. 알다시피 80년대

말, 사회주의 체제의 붕괴 과정에서 공산당 정권이 타도된 이후에는 사회주의 계획경제에서 벗어나 더욱 본격적으로 시장경제로 이행하게 되었다.

일본은 이런 이행 경제의 여러 나라에도 청년해외협력대를 파견한다는 기본 방침을 세웠다. 그리하여 헝가리에 대한 협의를 진행하기 위해 히라노 씨가 파견되었다.

지금까지 청년해외협력대가 파견된 곳은 이른바 개발도상국이었으니 우물을 파거나 관개시설을 하거나 교량을 건설하거나 농업지도를 하는 것이 주된 사업 내용이었다. 그런데 헝가리에는 이미 시설이 충분해서, 그런 종류의 지원은 필요치 않았다.

그렇다면 어떤 분야에서 협력이 가능할까. 헝가리 쪽 담당 책임자와 함께 각 분야를 검토해보았다.

"맞다. 스포츠 분야는 어때요?"

이 한마디에 스포츠로 결정되었다. 그런데 실제로 협의에 들어가보니, 지난 올림픽에서 인구 1억 3천만인 일본이 획득한 금메달은 4개, 인구 1천만인 헝가리는 11개였다는 것이 떠올랐다. 일본이 지도할 상대가 아니었던 것이다. 일본 쪽에서 창피해 하고 있자니 헝가리 쪽에서 도움을 주었다.

"일본의 전통 무예는 헝가리에서도 인기가 많으니 검도나 유도 선생님을 파견해주시면 고맙겠습니다."

"아, 그런 거라면 도움이 될지 모르겠네요. 그럼 수준이 어느 정도 되는 교사를 파견할까요?"

"뭐, 우리는 초보자니까 대가를 모셔오지 않아도 좋아요. 욕심 부리지는 않겠습니다. 유도, 검도의 기본을 갖춘 분이라면 누구든 대환영입니다. 한 가지 덧붙이면 그분이 미야모토 무사시宮本武藏의『오륜서』나 니토베 이나조新渡戶 稻造의『일본의 무사도』를 해설해주시면 참으로 감사하겠습니다만……"

"예에?"

한숨을 쉬면서 뭐라 대답해야 할지 망설이고 있는 히라노 씨에게 헝가리 쪽은 한술 더 뜬다.

"참, 헝가리 사람은 원래 아시아 계통인 훈족의 후예이니 일본문화 전체에 대한 친밀감과 관심도 높답니다. 일본어 교사도 파견해주시면 큰 인기가 있을 거라고 생각합니다."

"수준이 어느 정도 되는 일본어 교사면 되겠습니까?"

히라노 씨는 조심스레 물어보았다.

"모여봤자 초보자뿐일 테지만 이 또한 대가가 오시면 황송하죠. 어느 정도 일본어 기본을 가르칠 수 있고 '다도'와 '꽃꽂이'에 약간 조예가 있으며 고전문학을 해설해주실 분이라면 어떤 분이라도 황송할 따름이죠."

이 말을 히라노 씨는 웃으면서 들려주었다.

"그런 요청이 청년해외협력대에 들어온 것은 그때가 처음이었죠. 이 활동을 시작한 이래로도 처음이었구요."

같은 '무예 교사', '일본어 교사'라는 낱말이지만 거기에 든 의미를 상상하는 데 너무나도 큰 차이가 있어 우스웠다. 또한 거기에는 일본인과 유럽인의 인간관, 문화관의 근원적인 차이가 반영되어 있어 오싹한 흥분을 느꼈다.

고대 그리스와 르네상스 이래, 유럽인의 이상적인 인간상은 만능에 가까운 천재다. 레오나르도 다빈치까지 가지 않더라도 다방면의 지식과 교양을 기르는 것이야말로 그 사람과 사회의 행복으로 이어진다는 인식이 강하다. 또 지식이나 교양, 문화란 원래 무한히 확장되어 다른 분야와 연결되는 것이니 따로 따로 나누어 생각한다는 것 자체가 불가능하다고 여기는 것 같다. 교육방법이나 제도도 당연히 이 생각을 바탕으로 하고 있다. 더불어 유럽의 변방에 위치하면서 인종적 기원은 아시아인인 헝가리 사람들까지도 '열심히' 유럽적인 사고방식을 따르고 있다는 진리를 또 한 번 확인해 재미있었다.

의미가 생기는 순간

같은 사물이나 현상이 시점을 바꿈으로써 완전히 달리

보인다거나 같은 단어나 문구가 문화적·역사적 배경이나 신분, 계급, 시대 등 문맥에 따라 생각지도 못한 의미를 띨 때가 있다. 언어를 배우고 그것을 구사하는 어려움은 바로 거기에 있다. 통·번역을 하다 보면 그런 장면과 조우할 기회가 정말로 많다. 이는 즐거운 발견이요, 한 가지 패턴으로만 사고하는 뇌세포에 자극이 되기도 한다.

"이문화가 교차하는 순간에 비로소 의미가 생긴다"라고 지적한 사람은 내가 도쿠나가 선생만큼이나 존경해 마지 않는 미하일 바흐친 선생이었다고 기억한다.

'이단'과의 만남이야말로 애매했던 낱말의 의미를 명확하게 한다. 상대는 물론 우리 자신의 의미와 처지도 자각하게 해준다. 또한 우리를 더욱 풍요롭게 해준다. 이것이 얼마나 창조력을 자극하고 촉진하는지는 몇 가지 사례만 봐도 분명하다.

현대 서양 문화의 기수들 중에는 주류 기독교도가 아니라 유대계 사람들이 놀라울 만큼 많으며, 전후 일본 문화는 '외부의 눈'을 가지고 대륙에서 철수해 돌아온 사람들 없이 생각할 수 없다.

국민문화의 꽃이라 여겨지는 것 중에 사실은 외부인이 들여왔거나 창조한 것이 예상 외로 많다. 예를 들어, 스페인을 대표하는 플라멩코, 헝가리인이 눈을 반짝이며 보란 듯이 자랑하는 국제적 춤인 차르다시도 원래는 인도 출신의 유랑민 집시가 그 고장 사람들이 돈을 내고 감상할 만한 춤으로 각색한 것이다.

아, 이렇게 고양되어 교훈조로 이 책을 마치기에는 아무래도 조금 부끄러우니 러시아의 우스갯소리를 빌려 오려 한다.

천명을 다한 브레주네프 서기장은 당연히 지옥에 떨어졌다. 입구에서 문지기가 기다렸다는 듯이 주의를 준다.

"브레주네프 씨, 지옥에 온 이상 반드시 벌을 받아야 합니다. 서기장이라고 봐줄 순 없죠. 하지만 무슨 벌을 받을지 선택할 수는 있으니 한번 둘러보고 그중에서 골라보슈."

그 말에 브레주네프는 지옥 투어를 했다. 둘러봤더니 레닌은 바늘산에서 바둥거리고 있고 스탈린은 펄펄 끓는 가마 속에서 허우적거리고 있었다. 브레주네프는 저도 모르게 몸서리를 쳤다.

그런데 저쪽에선 흐루시초프가 마릴린 먼로와 부둥켜안고 있는 게 아닌가. 브레주네프는 손뼉을 치며 외쳤다.

"저거다, 저거. 나도 흐루시초프 동지와 같은 벌을 주시오."

지옥의 문지기 왈,

"무슨 말씀, 저건 흐루시초프가 아니라 마릴린 먼로가 받고 있는 벌이라구요."

—러시아 유머 모음집 『독재자들에게!』

어디에나 '마녀'는 있다

어느 점심시간, 강사 대기실에서 한 교수님이 읽고 계
시는 책 제목이 하도 눈길을 끌기에 초면에 염치 불구하
고, 죄송하지만 그 책 좀 잠시 보여달라고 한 적이 있다.
부끄럽게도 이 일을 계기로 요네하라 마리라는 작가를
처음 알게 되었다(알고 보니 부끄럽다는 말을 써야 할 정도로
유명한 분이었다). 받아 든 책의 띠지며 목차, 프롤로그 몇
줄을 읽고는 당장에 요네하라 마리라는 작가에게 호기심
을 갖게 되었다.

그 후 펜클럽(P. E. N.은 시인, 편집자와 번역가, 작가의 약자
로 언론·표현·출판의 자유와 국제 문화 교류를 목적으로 문필
종사자들이 조직한 사회법인으로 일본은 1935년 창립한 이래
현재 2000명의 회원을 두고 있다. 요네하라 마리는 이 모임의

상무이사를 역임했다)에서 요네하라 선생이 '유머'에 관한 강연을 한다는 소식을 듣고는, 회원이긴 했지만 그동안 한 번도 얼굴을 내밀지 않다가 처음으로 참석하게 되었다. 2005년 늦가을의 일이다.

약간 통통한 몸집에 이국적인 화장법, 아랍 옷 같은 독특한 패션에 칼칼한 목소리, 시종 배꼽을 잡게 하는 말솜씨까지, 장내를 압도하는 존재감은 과연 남달랐다. 강연 후 친목회가 있었는데, 그가 강연한다기에 오랜만에 왔다는 말이 여기저기서 들리는 걸 보니 나 같은 사람이 많았나 보다. 아무튼 텔레비전에서 심심찮게 보던 얼굴을 직접 볼 수 있었으니 무슨 스타를 보는 듯한 흥분마저 느껴졌다.

요네하라 선생에게 인사하는 줄이 줄어들기를 기다렸다가 다가가 다짜고짜 내 명함을 드리며 선생님 작품을 한국어로 번역하고 싶다고 했더니, "어쩌나, 명함이 떨어졌네……. 그런데 제 작품을 한국 사람들이 좋아해줄까요?"라고 겸손하게 말씀하셨다. 이 일을 계기로 이렇게 그녀의 작품을 번역하게 되었다. '요네하라 마리'를 알게 해준 책상 너머의 그 교수와도 친해지게 되었으니 뭐든 '두드려'볼 일이다.

그런 경위로 알게 된 요네하라 마리. 그래서 넘겨본 책장.

한 다스는 12개. 여러 가지 단위를 배우던 산수 시간에 그렇게 암기했었다. 그런데 마녀들에겐 한 다스는 13개란다. 우리에겐 생소하지만 마녀들에겐 너무나 당연한 사실이라는 것을 밝히면서, 요네하라 마리는 한 집단의 상식이 다른 집단에서는 너무나 엉뚱한 사실일 수도 있다는 것을 일깨워준다. '내 상식이 세계 어디에서나 통용 가능하다고 쉽게 착각하지 말자.' 이것은 요네하라 마리가 대부분의 작품에서 직접 또는 간접적으로 보여주는 메시지다.

감칠맛 나는 그녀의 문장에 사족을 다는 셈이지만, 이 책에서 두 가지만 짚고 넘어가자.

첫째는 누가 마녀인가 하는 점이다. '12개=한 다스'를 생활의 단위로 삼는 사람을 기준으로 보면 마녀라서 다른 수의 한 다스를 세는 것이 아니라, 다른 수를 가졌기에 '마녀'임을 확인한다. 거의 대부분이 기독교도인 집단에서는 이단을 '마녀'라고 일컫지만, 구성원 대다수와 조금 다른 소집단을 '마녀'로 바꿔보면 어떨까. 예를 들어, 단일민족이라 믿는 신화 속에서는 존재를 인정받지 못하는 소수집단이나 혼혈아, 국립대학 출신의 엘리트 관료들 가운데 몇 안 되는 사립대 출신, 혹은 남자의 아성이라 불리는 직장의 홍일점, …… 다수를 이끄는 축복받은 소수집단이 아니라 멸시받거나 버림받은 소수집단 말이다.

하지만 스스로 택한 당당한 마녀도 많다. 남성 중심의 가부장제도에 도전장을 던지는 페미니스트, 소수집단에 대한 차별 철폐에 평생을 바치는 운동가, 남들의 곱지 않은 시선을 의식하면서 당당히 '나는 동성애자'라고 밝히는 사람 등.

그런데 그렇게 당당한 마녀들도 다른 마녀에 대해서는 선입견을 가질 수 있다. 민족 차별 문제에는 눈에 쌍심지를 켜지만 여성 문제에 관해서는 보수주의자일 수도 있고, 동성애자들의 섹슈얼리티 문제에는 예민한 사람이라도 환경오염 문제에 대해서는 나 몰라라 할 수 있다. 자신이 가진 기득권 때문인지 모르는 척, 못 본 척하는 예를 주위에서 빈번히 볼 수 있다.

비록 이곳에서는 주류가 아니더라도 다른 곳에서 주류가 되면, 그곳의 비주류 집단을 억압하는 입장이 될 수도 있다. 즉 이곳의 마녀가 저곳에서는 마녀사냥을 할 수도 있다는 말이다. 선천적으로 주류에 끼지 못했든, 어떤 신념을 관철하기 위해 자신의 의지로 주류에 끼지 않았든, 그 누구든 어느 한 분야에서는 소수자일 수 있을 것이다. 그렇기에 나 또한 마녀가 될 수 있다는 점을 우선 새겨두자.

다른 하나는 마녀의 존재 가치에 대한 것이다. 어느 시대, 어느 집단이든 '마녀'는 존재할 수 있다. 그러나 그 마녀를 없애자는 쪽으로 움직이면 '마녀사냥'이 되고, 옹호하는 쪽으로 가면 '공생'을 할 수 있다.

사실 마녀가 소수집단이 아닌 다수집단이 되면 기존

의 질서를 무너뜨려 사회가 혼란스러워질 수도 있다. 역사적으로 보아 그런 예가 많다. 이단이었던 기독교가 로마의 국교가 되는 과정에서 따랐던 대혼란이며, 면면이 지켜오던 생활의식을 송두리째 포기하고 상투를 자르고 양복을 입었을 때의 혼란 등. 그것이 역사의 순리였다면 피할 수 없는 일이겠지만, '마녀'의 존재 가치는 기존의 사회에 바람이 통할 정도의 구멍을 뚫어 늘 신선한 공기를 불어넣는 데 있지 않을까. 졸졸 새는 정도의 샘물이라도 흘러들어야 연못이 썩지 않는 것처럼, 자신과 다른 사고방식을 가진 사람들의 존재가 있어야 자신의 모습을 상대화할 수 있다. 그들의 존재 가치를 인정하고 그들의 입장에 섬으로써 전혀 달라 보이는 자신의 생활과 사고방식을 가끔 돌이켜봤으면 좋겠다. 그럼으로써 돌고 돌아 마녀로서의 나 또한 숨 쉬고 살 수 있을 테고, 조금이라도 살기 편한 사회가 될 것 같으니까.

공산주의자라는 이유 하나만으로도 충분히 구속감이 었던 시절의 공산주의자의 딸, 미국을 주류로 보는 국제 감각 속에서 동유럽의 체코라는 비주류 국가에서 보낸 소녀 시대, 영어가 아닌 러시아어를 전공한 대학 시절, 결혼해서 아이 낳고 사는 것이 너무나 당연하다 여기는 사회 속에서의 독신 생활. 이렇게 요네하라 마리는 이데올로기며 삶의 도구며 사회 구성원으로서의 정체성에 이르기까지 인생 대부분의 중요한 요건에서 '마녀'에 속하거나 마녀를 택하면서 인생을 보냈다. 하지만 보통 사람이면 주눅 들고 말았을 처지를 오히려 무기로 삼아 '살짝 비스듬히 보니 평소와 달리 보인다'며 재미있어하고 그 감각을 더욱 살린 유머의 달인이기도 했다. 익숙한 생활을 약간 거리를 두고 볼 때의 우스꽝스러움이 곧 유머라 했던가(요네하라 마리는 사는 게 힘든 곳일수록 유머가 발달했다는 사실을 발견하고는 유머 탐구에도 정열을 쏟았다).

요네하라 마리의 면모를 알게 해주는 일화가 있다. 처음으로 요네하라 선생을 뵙고 난 이틀 후, 우리 집에 날아온 편지에는 그날 못 드려서 죄송했다는 짧은 메모와 함께 명함이 들어 있었다. 감격스러웠다. 명함이 떨어지는 것은 유명인이면 늘 따르는 일이 아닌가. 나뿐 아니라 그날 명함을 못 받은 다른 사람들도 같은 내용의 친필 편지를 받았단다.

번역 계약을 위해 가마쿠라에 있는 요네하라 선생 댁에 찾아가기로 일정을 잡던 때의 일이다. 그녀는 교토에 사는 나를 걱정하며, 호텔을 잡아야 한다면 자신의 집에서 묵으라고 하셨다. 당신의 몸을 지탱하기도 힘든 상황이었던 것을 뒤늦게야 알았다. 그런 상황에서도 그런 다정한 말을 해주셨다니……

두 번째이자 마지막으로 뵙던 날, 단 10분도 의자에 앉기 힘든 몸이었을 텐데 이런저런 얘기를 주고받다 보니 2시간이 훌쩍 넘어 있었다. 이제 정말 다 나았나 보다 싶을 정도로 아무렇지도 않은 듯 재미있는 담소를 나누었기 때문이다. 돌아가는 길에 "이제 괜찮으신 건가요?" 했더니 "사실은 많이 힘들어요"라는 대답에 나의 수다스러움을 얼마나 원망했는지 모른다.

반년 후, 신문에서 그녀의 부음을 접하게 되었다. 비록 요네하라 선생은 세상에 없지만 독자들은 앞으로 발간될 책을 통해 그의 '독설'을 많이 대할 것이요, 곧 중독(?)될 것이다. 하지만 겸손하고 매사에 성의를 다하며 사람 웃기는 것을 좋아한 분이란 것을 먼저 기억해주면 좋겠다. 물론, 문장에서도 날카로움 뒤에 숨어 있는 따뜻한 마음을 읽게 될 것이지만.

부디 냉철한 사고와 따뜻한 마음이 아름답던 요네하라의 독자가 많이 늘었으면 한다. 그래서 "한국인이 제 글을 좋아해줄까요?" 하셨던 당신의 걱정스러운 말에 "우선은 제가 좋아서요" 대신 "그럼요!"라는 대답을 어서 영전에 드리고 싶다.

2007년 3월
이현진